MIL FRASES CÉLEBRES DE LA LITERATURA CLÁSICA

Traducción y notas de
JUAN BAUTISTA BERGUA
y
JOSÉ BERGUA

Colección La Crítica Literaria
www.LaCriticaLiteraria.com

Copyright del texto: ©2010 J. Bergua
Ediciones Ibéricas - Clásicos Bergua - Librería-Editorial Bergua
Madrid (España)

Copyright de esta edición: ©2010 LaCriticaLiteraria.com
Colección La Crítica Literaria
www.LaCriticaLiteraria.com
ISBN: 978-84-7083-150-8

Ediciones Ibéricas - LaCriticaLiteraria.com
Calle Ferraz, 26
28008 Madrid
www.EdicionesIbericas.es
www.LaCriticaLiteraria.com

Impreso por LSI

CONTENIDOS

EL CRÍTICO - JUAN BAUTISTA BERGUA

Juan Bautista Bergua nació en España en 1892. Ya desde joven sobresalió por su capacidad para el estudio y su determinación para el trabajo. A los 16 años empezó la universidad y obtuvo el título de abogado en tan sólo dos años. Fascinado por los idiomas, en especial los clásicos, latín y griego, llegó a convertirse en un célebre crítico literario, traductor de una gran colección de obras de la literatura clásica y en un especialista en filosofía y religiones del mundo. A lo largo de su extraordinaria vida tradujo por primera vez al español las más importantes obras de la antigüedad, además de ser autor de numerosos títulos propios.

SU LIBRERÍA, LA EDITORIAL Y LA "GENERACIÓN DEL 27"

Juan B. Bergua fundó la Librería-Editorial Bergua en 1927, luego Ediciones Ibéricas y Clásicos Bergua. Quiso que la lectura de España dejara de ser una afición elitista. Publicó títulos importantes a precios asequibles a todos, entre otros, los diálogos de Platón, las obras de Darwin, Sócrates, Pitágoras, Séneca, Descartes, Voltaire, Erasmo de Rotterdam, Nietzsche, Kant y las poemas épicos de La Ilíada, La Odisea y La Eneida. Se atrevió con colecciones de las grandes obras eróticas, filosóficas, políticas, y la literatura y poesía castellana. Su librería fue un epicentro cultural para los aficionados a literatura, y sus compañeros fueron conocidos autores y poetas como Valle-Inclán, Machado y los de la Generación del 27.

EL PARTIDO COMUNISTA LIBRE ESPAÑOL
Y LAS AMENAZAS DE LA IZQUIERDA

Poco antes de la Guerra Civil Española, en los años 30, Juan B. Bergua publicó varios títulos sobre el comunismo. El éxito, mucho mayor de lo esperado, le llevó a fundar el Partido Comunista Libre Español que llegaría a tener mas de 12.000 afiliados, superando en número al Partido Comunista prosoviético oficial existente. Su carrera política no duró mucho después que estos últimos le amenazaran de muerte viéndose obligado a esconderse en Getafe.

LA CENSURA, QUEMA DE LIBROS
Y SENTENCIA DE MUERTE DE LA DERECHA

Juan B. Bergua ofreció a la sociedad española la oportunidad de conocer otras culturas, la literatura universal y las religiones del mundo, algo peligrosamente progresivo durante la dictadura de Franco, época reacia a cualquier ideología en desacuerdo con la iglesia católica.

En el 1936 el ejército nacionalista de General Franco llegó hasta Getafe, donde Bergua tenía los almacenes de la editorial. Fue capturado, encarcelado y sentenciado a muerte por los Falangistas, la extrema derecha.

Mientras estuvo en la cárcel temiendo su fusilamiento, los falangistas quemaron miles de libros de sus almacenes por encontrarlos contradictorios a la Censura, todas las existencias de las colecciones de la Historia de Las Religiones y la Mitología Universal, los libros sagrados de los muertos de los Egipcios y Tibetanos, las traducciones de El Corán, El Avesta de Zoroastrismo, Los Vedas (hinduismo), las enseñanzas de Confucio y El Mito de Jesús de Georg Brandes, entre otros.

Aparte de los libros religiosos y políticos, los falangistas quemaron otras colecciones como Los Grandes Hitos Del Pensamiento. Ardieron 40.000 ejemplares de La Crítica de la Razón Pura de Kant, y miles de libros más de la filosofía y la literatura clásica universal. La pérdida de su negocio fue un golpe tremendo, el fin de tantos esfuerzos y el sustento para él y su familia…fue una gran pérdida también para el pueblo español.

PROTEGIDO POR GENERAL MOLA Y EXILIADO A FRANCIA

Cuando General Emilio Mola, jefe del Ejército del Norte nacionalista y gran amigo de Bergua, recibe el telegrama de su detención en Getafe intercede inmediatamente para evitar su fusilamiento. Le fue alternando en cárceles según el peligro en cada momento. No hay que olvidar que durante la guerra civil, los falangistas iban a buscar a los "rojos peligrosos" a las cárceles, o a sus casas, y los llevaban en camiones a las afueras de las ciudades para fusilarlos.

¿El General y "El Rojo"?Su amistad venia de cuando Mola había sido Director General de Seguridad antes de la guerra civil. En 1931, tras la proclamación de la Segunda República, Mola se refugió durante casi tres meses en casa de Bergua y para solventar sus dificultades económicas Bergua publicó sus memorias. Mola fue encarcelado, pero en 1934 regresó al ejército nacionalista y en 1936 encabezó el golpe de estado contra la República que dio origen a la Guerra Civil Española. Mola fue nombrado jefe del Ejército del Norte de España, mientras Franco controlaba el Sur.

Tras la muerte de Mola en 1937, su coronel ayudante dio a Bergua un salvoconducto con el que pudo escapar a Francia. Allí siguió traduciendo y escribiendo sus libros y comentarios. En 1959, después de 22 años de exilio, el escritor regresó a España y a sus 65 años comenzó a publicar de nuevo hasta su fallecimiento en 1991. Juan Bautista Bergua llegó a su fin casi centenario.

Escritor, traductor y maestro de la literatura clásica, todas sus traducciones están acompañadas de extensas y exhaustivas anotaciones referentes a la obra original. Gracias a su dedicado esfuerzo y su cuidado en los detalles, nos sumerge con su prosa clara y su perspicaz sentido del humor en las grandes obras de la literatura universal con prólogos y notas fundamentales para su entendimiento y disfrute.

Cultura unde abiit, libertas nunquam redit.
Donde no hay cultura, la libertad no existe.

El Editor

MIL FRASES CÉLEBRES
DE LA
LITERATURA CLÁSICA

Una recopilación analítica organizado por temas en su lengua original, con traducción al castellano y notas de la obras de donde han sido tomadas.

DE LAS CITAS, LOS LIBROS
Y LAS BIBLIOTECAS

L'exactitude de citer, c'est un talent beaucoup plus rare que l'on ne pense.
La exactitud en las citas es una virtud más rara de lo que se cree.
(Bayle: «Dictionaire», art. Sánchez, Remarques.)

Sunt bona, sunt quædam mediocria, sunt mala plura.
No son buenos, algunos son regulares pero los más son malos.
(Marcial: «Epigramas», lib. I, ep. 17, v. I.)

Επεα πτερόεντα
Palabra alada.
(Homero: «Ilíada».)

II en est des adages populaires comme de billets en circulation: il faut, pour qu'ils aient toute leur valeur, qu'une bonne plume les endosse.
Las frases populares son como los cheques en circulación: hace falta, para que tengan valor, que una buena pluma los endose.
(Fournier: «L'esprit des autres», cap. VI; 8.ª ed., pág. 85.)

Omne tulit punctum qui miscuit utile dulci.
Lectorem delectando pariterque monendo.
Es de todos apetecido lo que une lo útil a lo dulce, deleitando e instruyendo al mismo tiempo al lector.
(Horacio: «Arte poética», v. 343-4.)

Diseur de bons mots, mauvais caractère.
Decidor de buenas palabras, malo de carácter.
(Pascal: «Pensamientos morales», I P., art. IX núm. XXII.)

Potius amicum quam dictum perdidi.
Prefiero renunciar a un amigo que a una palabra.
(Quintiliano: «De institut. orat.», lib. VI, cap. 3, § 28.)

Littera enim occidit, spiritus autem vivificat.
La letra mata, el espíritu vivifica.
(San Pablo: «Epístola II a los Corintios», cap. III, vers. 6.)

Nullum esse librum tam malum, ut non aliqua parte prodesset.
No hay libro, por malo que sea, que no contenga algo aprovechable.
(Cayo Plinio Cecilio Segundo, el joven: «Epístolas», lib. III, ep. 5.)

Pro captu lectoris habent sua fata libelli.
Aun los más pequeños libros tienen su destino.
(Terenciano Mauro: «De literis, etc.», v. 1.286.)

Un livre c'est un ami qui ne trompe jamais.
Un libro es un amigo que no engaña jamás.
(De un soneto de Desbarreaux-Bernard.)

Tel est le sort fâcheux de tout livre prêté.
Souvent il est perdu, toujours il est gâté.
Tal es la suerte desdichada de cualquier libro prestado; frecuentemente se pierde, siempre se estropea.
(Inscripción que puso en su biblioteca Teodoro Lecreq.)

Libri quosdam ad scientiam, quosdam ad insaniam deduxere.
De los libros, unos extraen la sabiduría, otros la locura.
(Petrarca; «De remediis utriusque fortunae», dial. XVIII.)

Ceci tuera cela.
Esto matará aquello.
(Víctor Hugo: «Notre Dame de París», libro V, cap. I.)

Medicina animi.
Medicina del alma.
Ψυχῆς Ἰατρειον
(Inscripción que, según cuenta Diodoro de Sicilia («Biblioth. histor.», lib. I, 49, 3), estaba en la entrada de la biblioteca del rey Osimandia, de Egipto.)

Nutrimentum spiritus.
Alimento del espíritu.
(Inscripción puesta por Federico el Grande sobre el dintel de la Biblioteca Real de Berlín.)

Si hortum in bibliotheca habes, deerit nihil.
Si junto a la biblioteca tienes un jardín, ya no te faltará nada.
(Cicerón: «Epistolae ad familiares», lib. IX, ep. 4, a Varron.)

Faciendi plures libros nullus est finis.
Haciendo libros nunca se encuentra el fin.
(«Eclesiastés», cap. XII, V. 12.)

No saber un hombre leer o ser zurdo arguye una de dos cosas: o que fué hijo de padres demasiado humildes y bajos, o él tan travieso y malo, que no pudo entrar en él el buen uso ni la buena doctrina.
(Miguel de Cervantes: «Don Quijote», parte II, cap. 43.)

AFECTOS, PASIONES, GUSTOS, VOLUNTAD, COSTUMBRE

... Trahit sua quemque voluptas.
Cada uno se deja arrastrar por su afición.
(Virgilio: «Egloga II», v. 65.)

... Progredimur quo ducit quemque voluptas.
Cada uno va donde el placer le lleva.
(Lucrecio: «De rer. nat.», lib. II, v. 258.)

Les passions sont les seuls orateurs qui persuadent toujours.
Las pasiones son los únicos oradores que persuaden siempre.
(La Rochefoucauld: «Reflexions ou Sentences et Maximes Morales», n. VIII.)

Nitimur in vetitum semper, cupimusque negata.
Siempre tendemos a lo que nos está vedado y deseamos lo que nos es negado.
(Ovidio: «Amores», lib. III, ep. 4, v. 17.)

Unde fames homini vetitorum tanta ciborum?
¿Por qué tiene el hombre tanta hambre de cosas prohibidas?
(Ovidio: «Metamorfosis», lib. XV, v. 138.)

Consuetudine quasi alteram naturam effici.
Con la costumbre se forma casi otra naturaleza.
(Cicerón: «De finibus», lib. V, cap. XXV, § 14.)

Naturam expelles furca, tamen usque recurret.
Aunque arrojes tu naturaleza a empellones, volverá de nuevo.
(Horacio: «Epistolae», lib. I, ep. IO, v. 24.)

Chassez le naturel, il revient au galop.
Rechaza tu índole; volverá a pasos agigantados.
(Philippe Néricault (a) Destouches: «Le Glorieux» a. III, sc. 5.)

Chassez les préjugés par la porte, ils rentreront par la fenêtre.
Echad los prejuicios por la puerta; volverán a entrar por la ventana.
(Federico el Grande a Voltaire, carta de fecha 19 marzo 1771.)

On revient toujours à ses premières amours.
Siempre se vuelve a los primeros afectos.
(Ch.-Guill. Etienne: «Joconde», a. III, sc. I.)

Caelum, non animum mutant qui trans mare currunt.
El cielo no será bastante a satisfacer al que ansía el mar. En sentido figurado, por: «El que una cosa desea, no le hará variar de apetito otra, aunque sea mejor.
(Horacio: «Epistolae», lib. I, ep. 2.ª, v. 27.)

Quum autem sublatus fuerit ab oculis, etiam cito transit e mente.
Cuando tenemos ante los ojos siempre una cosa, pronto pasa a nuestro espíritu.
(Kempis: «Imitación de Cristo», lib. I, cap. XXIII, I.)

Le superflu, chose très nécessaire.
Lo superfluo, cosa muy necesaria.
(Voltaire: «Le mondain», v. 22.)

Le superflu est devenu si nécessaire, que, pour le conquérir, beaucoup de gens traitent le nécessaire de superflu.
Lo superfluo se ha hecho tan necesario, que para conquistarlo muchas gentes estiman lo necesario superfluo.
(Alfonso Karr.)

Toujours perdrix!
¡Siempre perdiz!
(Frase de Enrique IV al amonestarle su confesor por sus constantes infidelidades a la reina.)

La costumbre del vicio se vuelve en naturaleza.
(Miguel de Cervantes: «Coloquio de los perros».)

Más quiero ser malo con esperanza de ser bueno, que bueno con el propósito de ser malo.
(Miguel de Cervantes: «Trabajos de Persiles y Sigismunda», lib. IV, capítulo I.)

ALEGRIA, BUEN TRATO, TEDIO

Si quieres ser feliz, conténtate con lo que tienes.
(Refrán castellano.)

Edamus, bibamus, gaudeamus: post mortem nulla voluptas.
Comamos, bebamos, gocemos; después de la muerte ya no hay ningún placer.
(Epitafio de Sardanápalo.)

Manducemus et bibamus, cras enim moriemur.
Comamos y bebamos, que mañana vendrá la muerte.
(San Pablo: «Epístola I a los Corintios», cap. XV, v. 32.)

Wer nicht liebt Wein, Weib und Gesang.
Der bleibt ein Narr sein Lebelang.
Quien no ama el vino, la mujer y el canto, será un imbécil siempre.
(Este letrero, escrito posteriormente en la puerta de la bodega del castillo de Wartburg, se atribuye a Martín Lutero.)

Vinum et musica laetificant cor.
El vino y la música alegran el corazón.
(«Eclesiastés», cap. XL, v. 20.)

Ils chantent, ils payeront.
Ellos cantan y ellos pagarán.
(Quedó de la frase del cardenal Mazarino, que escribió: «La nación francesa es la más loca del mundo; chillan y cantan contra mí, y me dejan hacer; yo, en cambio les dejo chillar y cantar y hago lo que quiero».)
(«Nouvelles Lettres de la Duchesse d'Orleáns», 1853, pág. 249.)

Panem et circenses.
Pan y juegos.
(Grito del pueblo romano de la decadencia.)
(Juvenal: «Sat. X», v. 81.)

La plus perdue de toutes les journées est celle où l'on n'a pas ri.
La jornada absolutamente perdida es aquella en la que no nos hemos reído.
(Lorenzo Sterne. «Viaje sentimental de Zorick».)

Che un sorriso possa aggiungere un filo alla trama brevissima della vita.
Que una sonrisa puede añadir un hilo a la trama sutil de la vida.
(Tristaram Shandy, dedicatoria a Pett.)

Un homme qui rit ne sera jamais dangereux.
Un hombre que ríe no será nunca peligroso.
(Sterne: «Viaje sentimental». Respuesta del Duque de Choiseul a Zorick.)

… Risu inepto res ineptior nulla est.
No hay cosa más estúpida que reírse estúpidamente.
(Catulo: «Oda», XXXIX, v. 16.)

In tristitia hilaris, in hilaritate tristis.
Triste en la alegría, alegre en la tristeza.
(Giordano Bruno, de él mismo, en el frontispicio de su comedia «Candeloio».)

La noia, tetra visitatrice e non chiamata.
El tedio, triste visitante no llamado.
(Peietro Cossa en la tragedia «Nerón», acto I, escena IV.)

La noia e in qualche modo il più sublime dei sentimenti umani.
El tedio es el más sublime de los sentimientos humanos.
(Giacomo Leopardi: «Pensieri».)

L'ennui naquit un jour de l'uniformité.
El aburrimiento nació un día de la monotonía.
(Lamotte-Hondard: «Fábulas», lib. 4, fábula 15.)

AMISTAD

Illud amicitiae sanctum ac venerabile nomen.
¡Qué santo y venerable nombre el de la amistad!
(Ovidio: «Tristia», lib. I, cap. VIII, v. 15.)

Idem velie atque idem nolle, ea demum firma amicitia est.
Querer la misma cosa y no querer la misma cosa, esta es la
verdadera amistad.
(Salustio: «Catilmorias», cap. XX, § 4.)

Qui invenit illum (amicum), invenit thesaurum.
Quien encuentra un amigo, encuentra un tesoro.
(«Eclesiastés», cap. IV, v. 14.)

**Encuentra un amigo y encontrarás un tesoro, dice la Biblia
con su palabra de oro; pero en credo mejor, ahora te digo:
halla el tesoro y hallarás amigo.**
(Epigrama de autor desconocido.)

Ubi amici ibi opes.
Donde suena amistad suena dinero.
(Quintiliano Yust: «Orat.», v. II, 41.)

Diliges amicum tuum sicut te ipsum.
Ama a tu amigo como a ti mismo.
(«Levítico», cap. XIX, v. 18.)

**Vinum novum amicus novus; veterascet, et cum suavitate
bibes illud.**
El nuevo amigo es como el vino nuevo; envejecerá y lo beberás
suavemente.
(«Eclesiastés», cap. IX, v. 15.)

**Les amis de l'heure présente
Ont le naturel du melon,
II faut en essayer cinquante
Avant qu'en rencontrer un bon.**

Los amigos de la hora presente — tienen la misma naturaleza que el melón; — hace falta calar cincuenta — para hallar uno bueno.
(Claudio Murmet: «Le temps passé», pág. 42, . ed. 1601.)

Donec eris felix multos numerabis amicos.
Tempora si fuerint nubila, solus eris.
Mientras seas feliz, tendrás muchos amigos; pero si la fortuna te vuelve la espalda, te quedarás solo.
(Ovidio: «Tristia», libro I, cap. IX, v. 5-6.)

Dans l'adversité de nos meilleurs amis, nous trouvons toujours quelque chose qui ne nous déplaît pas.
En la adversidad de nuestros mejores amigos, encontramos siempre alguna cosa que no nos desagrada.
(La Rochefoucauld: «Maximes».)

Firmissima est inter pares amicitia.
La amistad entre iguales suele ser muy duradera.
(Quinto Curcio: «Vida de Alejandro Magno», lib. VII, cap. VIII, 27.)

Qui non est mecum, contra me est.
Quien no está conmigo, está contra mí.
(«Evangelio de San Mateo», capítulo XII, v. 30; «San Lucas», cap. XI, v. 23.)

Quien bien te quiera te hará llorar.
(Refrán castellano.)

AMOR

Fortis est ut mors dilectio, dura sicut infernus aemulatio.
El amor es fuerte como la muerte; los celos son crueles como el infierno.
(«Cantar de los Cantares», capítulo VIII, v. 6.)

Omnia vincit amor, et nos cedamus amori.
El amor lo vence todo; cedamos al amor.
(Virgilio: «Egloga X», v. 69.)

… Adgnosco veteris vestigia flammae.
Conozco las huellas de la antigua llama.
(Virgilio: «Eneida», lib. IV, v. 23.)

Donde hubo fuego, siempre quedan cenizas.
(Refrán castellano.)

¿Quién ha de vencernos si es nuestro el amor?
(Jacinto Benavente: «Los intereses creados», escena última del acto I.)
Conosco i segni dell antica fiamma.
Conozco la huella de la antigua llama.
(Dante: «Imitación de Virgilio. La Divina Comedia, Purgatorio», cap. XXX, v. 48.)

Improbe amor, quid non mortalia pectora cogis!
¡Cruel amor, a qué no empujarás al corazón humano!
(Virgilio: «Eneida», lib. IV, v. 412.)

… Animae dimidium meae.
Mitad del alma mía.
(Horacio: «Odas», lib. I, od. 3, v. 8.)

Amantium irae amoris integratio'st.
Los desdenes de los amantes refuerzan la pasión.
(Terencio: «Andria», a. III, esc. III, v. 555.)

Cras amet qui nunquam amavit; quique amavit, cras amet.
Amará mañana quien nunca amó; y quien amó, amará pasado
mañana.
(Catulo.)

Nihil difficile amanti puto.
Nada hay difícil para quien ama.
(Cicerón: «Orator», cap. X.)

Nec tecum possum vivere, nec sine te.
Ni contigo puedo vivir, ni sin ti.
(Marcial, lib. XII, epig. 47.)
(La misma cita en Ovidio: «Amores», lib. III, cap. II, versículo 39.)

**Il est du veritable amour comme de l'apparition des esprits:
tout le monde en parle, mais pen de gens en ont vu.**
Sucede con el amor como con los aparecidos: que todo el mundo
habla de ellos, pero pocos los han visto.
(La Rochefoucauld: «Máximas», § 76.)

ASTUCIA, ENGAÑO

Latet anguis in herba.
Entre la hierba se esconde la serpiente.
(Virgilio: «Egl. III», v. 93.)

El hacer una cosa por otra, lo mismo es que mentir.
(Miguel de Cervantes: «Don Quijote de la Mancha», parte I, cap.
XXV.)

Más vale maña que fuerza.
(Refrán castellano.)

**Ont peut être plus fin qu'un autre, mais non pas plus fin que
tous les autres.**
Se puede ser más astuto que otro, pero no más astuto que todo el
mundo.
(La Rochefoucauld: «Máximas», § CCCXCIV.)

**Ont aime bien à deviner les autres, mais l'on n'aime pas à être
divinè.**
Me gusta mucho adivinar lo que los demás piensan, pero me
contraría que los demás adivinen lo que pienso yo.
(La Rochefoucauld: «Máximas», § CCXCVI.)

**El que tiene costumbre y gusto de engañar a otros no se debe
quejar cuando él es engañado.**
(Miguel de Cervantes: «El casamiento engañoso».)

AVARICIA

… Quid non mortalia pectora cogis, auri sacra fames!
¡A qué no empujarás al humano corazón, execrable hambre del oro.
(Virgilio: «Eneida», lib. III, versículo 56-57.)

Non olet.
No hiede.
(Suetonio cuenta en la «Vida de Vespesiano», cap. XXIII, que ésta fué la respuesta de Vespesiano a Tito, porque le afeaba el haber puesto una contribución sobre los urinarios; y le respondió que el dinero allegado por aquel medio «non olet».)

BELLEZA Y FEALDAD. CUALIDADES FISICAS

La belleza es el esplendor de la verdad.
(Se atribuye esta definición de la belleza a Platón.)

Nigra sum, sed formosa.
Soy morena, pero bella.
(«Cantar de los Cantares», cap. I, v. 4.)

Natura il fece, e poi roppe la stampa.
La naturaleza hace y después rompe el molde.
(Ariosto: «Orlando furioso», cap. X, v. 84.)

CARIDAD, DADIVAS, AYUDA

La facon de donner vaut mieux que ce qu'on donne.
La manera de dar vale más que la dádiva.
(Corneille: «Le menteur», ac. I, esc. I.)

Quien da primero da dos veces.
(Refrán castellano.)

Bis dat qui cito dat.
Quien da pronto da dos veces.
(Adagio latino.)

Inopi beneficium bis dat, qui dat celeriter.
Socorre doblemente al necesitado quien da de prisa.
(Publio Zizo. Sentencia 225.)

Che donar tostamente è donar doppiamente.
Que dar prontamente, es dar doblemente.
(Brunetto Latiní: «Tesoretto», v. 61-62.)

Te autem faciente eleemosynam, nesciat sinistra tua quid faciat dextera tua.
Cuando hagas la limosna, que tu mano izquierda no sepa lo que hace la derecha.
(«Evangelio de San Mateo», cap. VI, v. 3.)

Regia, crede mini, res est subcurrere lapsis.
Créeme, es cosa digna de reyes socorrer al necesitado.
(Ovidio: «Epist. ex Ponto», lib. II, ep. 9, v. 11.)

Qui donne aux pauvres, prête à Dieu.
Quien da a los pobres presta a Dios.
(Proverbio que puso Víctor Hugo de título a sus poesías «Los pobres».)

Foeneratur Domino qui miseretur pauperis.
A Dios da quien a los pobres favorece.
(«Proverbios», XIX, 17.)

No hay mayor ni mejor bolsa que la de la caridad, cuyas liberales manos jamás están pobres ni necesitadas.
(Miguel de Cervantes: «Coloquio de los perros».)

El dar, en cualquier ocasión que sea, siempre fué indicio de generoso pecho.
(Miguel de Cervantes: «La gitanilla».)

Serva me, servabo te.
Sálvame y te salvaré.
(Petronio: «Satiricón», cap. XLIV.)

On a souvent besoin d'un plus petit que soi.
Frecuentemente tenemos necesidad de alguno que es menos que nosotros mismos.
(La Fontaine: «Fables. Le lion et le rat», v. 2.)

Petit poisson deviendrá grand.
Pourvu que Dieu lui prête vie.
El pececillo se hará grande con la ayuda de Dios.
(La Fontaine: «Fables», libro V, fol. 3. «Le petit poisson el le pêcheur».)

Non tali auxilio nec defensoribus istis.
Tempus eget.
No tengo necesidad ahora de estos defensores ni este auxilio.
(Virgilio: «Eneida», lib. II, versículos 521-522.)

BONDAD, PERDON

… Hanc veniam petimusque damusque vicissim.
Este es el perdón que imploramos y el que ofrecemos a la vez,
solícitamente.
(Horacio: «Arte poética», v. 2.)

Qui sine peccato est vestrum, primus in illam lapidem mittat.
Quien de vosotros no tenga pecado, que tire la primera piedra.
(«Evangelio de San Juan», capítulo VIII, v. 7.)

Vade, et jam amplius noli peccare.
Vete, y no vuelvas a pecar más.
(«Evangelio de San Juan», cap. VIII, v. 11.)

Tout comprende c'est tout pardonner.
Comprender todo es perdonarlo todo.
(Mme. Stäel: «Corinne».)

Non flere, non indignari, sed intelligere.
No llorar, no indignarse, pero comprender.
(Benedetto Spinosa: «Brevis tractatus de Deo, de homine et de
salute».)

Humanum amare est, humanum autem ignoscere est.
El amor es cosa humana y también es humano el perdón.
(Plauto: «Mercator», ac. II, esc. II, v. 48.)

**Si acaso doblares la vara de la justicia, no sea con el peso de la
dádiva, sino con el de la misericordia.**
(Miguel de Cervantes: «Don Quijote», parte II, cap. 42.)

**La grandeza del rey, algún tanto resplandece más en ser
misericordioso que justiciero.**
(Miguel de Cervantes: «Trabajos de Persiles y Sigismunda», lib. II,
capítulo XIV.)

Vallera nescire literas.
Quisiera no saber escribir.

(Palabras de Nerón al principio de su reinado, al tener que firmar una sentencia de muerte.)
(Lucio Anneo Séneca: «De Clementia», lib. II, cap. I.)

Remittuntur ei peccata multa, quoniam dilexit multum.
Muchos pecados le son perdonados, porque amó mucho.
(«Evangelio de San Lucas», cap. VII, v. 47.)

Fides tua te salvam fecit: vade in pace.
Tu fe te ha salvado: ve en paz.
(«Evangelio de San Lucas», capítulo VIII, v. 47.)

BUENA Y MALA FAMA, HONORES
Y ALABANZAS

Vox populi, vox Dei.
La voz del pueblo es la voz de Dios.
(Frase inspirada en el versículo bíblico de Isaías, cap. LXVI, v. 6.)

Non omnis moriar...
No murió todo.
(Horacio: «Odas», libro III, od. 30, v. 6.)

Exegi monumentum aere perennius.
He ergido un monumento más duradero que el bronce.
(Horacio, hablando de su propia obra. «Odas», libro III, od. 30,
v.1.)

Una onza de buena fama vale más que una libra de perlas.
(Miguel de Cervantes: «Trabajos de Persiles y Sigismunda», lib. II,
cap. XV.)

El hombre sin honra, peor es que un muerto.
(Miguel de Cervantes: «Don Quijote», I parte, cap. XXXIII.)

... Sic itur ad astra.
Así se sube hasta los astros.
(Virgilio: «Eneida», lib. IX, v. 641.)

La popularité, c'est la gioire en gros sous.
La popularidad es la gloria en calderilla.
(Víctor Hugo: «Ruy Blas», acto III, esc. V.)

Melius est clarum fieri quam nasci.
Es mejor hacerse que nacer ya ilustre.
(Dicho de Axel di Oxenstierna.)

**(Lâches oppresseurs de la terre) Tremblez, vous êtes
immortels.**
Viles opresores de la tierra, temblad; sois inmortales.
(Delille: «Dithyrambe sur l'immortalité de l'âme».)

Ich bin besser als mein Ruf.
Yo soy mejor que mi fama.
(Schiller: «María Stuardo», acto III, esc. IV.)

Ipsa sua melior fama...
Mejor que su fama.
(Ovidio: «Epistolae ex Ponto», lib. I, ep. 2, v. 143.)

... Fama super aethera notus.
La fama se ha elevado hasta las estrellas.
(Virgilio: «Eneida», lib. I, v. 379.)

... Stat magni nominis umbra.
Queda la sombra del monte ilustre.
(Lucano: «Farsalia», lib. I, v. 135.)

Tanto nomini nullum par elogium.
A tanto nombre ningún elogio adecuado.
(Inscripción del monumento cinerario de Maquiavelo.)

Alone with his glory.
Sólo con su gloria.
(Ch. Wolfe. The Burial of Sir John Moore.)

... Je n'ai mérité ni cet excés d'honneur, ni cette indignité.
Yo no he merecido ni este honor excesivo ni esta indignidad.
(Racine: «Britannicus», ac. II, esc. III.)

... Pulchrum est digito monstrari et dicier: hic est.
Es hermoso ser señalado y oír decir: Ese es.
(Persio: «Sat. I», v. 28.)

Laudari a laudato viro.
Recibir la alabanza del hombre alabado.
(De Nerio, en «Cicerón». Ep. Fam., lib. V, ep. 12.)

BUENOS Y MALOS

Homo sum: humani nihil a me alienum puto.
Soy hombre; y nada de cuanto es humano juzgo por mío.
(Terencio: «Heautontimorumenos», acto I, esc. I, v. 25.)

Iliacos intra muros peccatur et extra.
Se peca tanto entre los muros de Ilio como fuera.
(Horacio: «Epístolas», lib. II, ep. II, v. 16.)

Corruptio optimi pessima.
El bueno cuando se corrompe se vuelve pésimo.
(San Gregorio Magno: «Morolia in Job».)

… Semper homo bonus tiro est.
El hombre bueno será siempre un principiante.
(Marcial: «Epigramas», libro XII, epgr. 51.)

Dat veniam corvis, vexat censura columbas.
La crítica es indulgente con el cuervo e inexorable con la paloma.
(Juvenal: «Sat. II», v. 63.)

Rari sono i birbanti poveri.
Raros son los bribones pobres.
(G. Leopardi: «Son. I», de Pensieri.)

Siempre los malos son desagradecidos.
(Miguel de Cervantes: «Don Quijote», parte I, cap. XXIII.)

Aun entre los demonios hay unos peores que otros, y entre muchos hombres malos suele haber alguno bueno.
(Miguel de Cervantes: «La gitanilla».)

Il y a des héros en mal comme en bien.
Hay héroes lo mismo en el mal que en el bien.
(La Rochefoucauld: «Maximes», § 185.)

Il maledetto non ha fratelli.
El maldito no tiene hermanos.

(T. Solera: «Nobucco», act. II, esc. IV.)

Il y a loin du poignard d'un assassin à la poitrine d'un honnête homme.
Hay mucha distancia del puñal de un asesino al pecho de un hombre honrado.
(Palabras de Mathieu Molé, al desechar las advertencias de sus amigos cuando se dirigía a sofocar un motín.)

Ab uno disce omnes.
Por uno conocí a los demás.
(Virgilio: «Eneida», c. II, v. 65-66.)

… Cui prodest scelus, Is fecit.
Autor del delito es aquel al cual aprovecha.
(Lucio Anneo Séneca: «Medea», acto III, v. 500-501.)

CASA Y CRIADOS

Mon verre n'est pas grand, mais je bois dans mon verre.
Mi vaso no es grande, pero yo bebo en mi vaso.
(A. de Musset: «Le coupe et les lèvres».)

Quot hostis, tot servi.
Tantos criados, tantos enemigos.
(Pompeo Festo: «De verborum significatione».)

Totidem hostes esse quot servos.
El número de tus enemigos es el de tus criados.
(Lucio Anneo Séneca. Ep. 47, 5.)

On n'est jamais si bien servi que par soi-même.
Jamás se está tan bien servido como por sí mismo.
(Charles Guillaume Etienne: «Bruis et Palaprat», esc. II.)

No sirvas a quien sirvió, ni ames a quien amó.
(Refrán popular.)

El buen servir del siervo, mueve la voluntad del señor a tratarlo bien.
(Miguel de Cervantes: «El licenciado Vidriera».)

Después de los padres, a los amos se ha de respetar como si lo fueran.
(Miguel de Cervantes: «Don Quijote», parte I, cap. XX.)

La honra del amo descubre la del criado; según esto, mira a quién sirves y verás cuán honrado eres.
(Miguel de Cervantes: «El licenciado Vidriera».)

Si est tibi servus fidelis sit tibi quasi anima tua, quasi fratem sic eum tracta.
Si encuentras un siervo fiel, quiérelo como a tu propia alma, trátalo como a un hermano.
(«Eclesiastés», cap. XXXIII, v. 31.)

Qualis dominus, talis est servus.

Cual es el señor, tal es el criado.

(Petronio: «Satiricón», 58.)

COMPAÑIA BUENA Y MALA

Tristis eris si solus eris...
Estarás triste si estás solo.
(Ovidio: «Remedio Amoris», v. 583.)

Comes facundus (o jucundus) invia pro vehiculo est.
Un compañero charlatán (o jocundo) te sirve en viaje casi de vehículo.
(Publio Siro: «Mimí», n. 104.)

Nella chiesa coi santi ed in taverna coi ghiottoni.
En la iglesia con los santos y en el figón con los comilones.
(Dante: «Divina Comedia». Infierno, cap. XXIII, versículos 14-15.)

Corrumpunt mores bonos colloquia mala.
Las malas conversaciones corrompen las buenas costumbres.
(San Pablo: «Ep. a los Cor.», I, cap. XV, v. 14-15.)

Dime con quien andas y te diré quien eres.
(Refrán castellano.)

Quien mal anda, en mal para; de dos pies, aunque el uno esté sano, si el otro está cojo, tal vez cojeas; que las malas compañías no pueden enseñar buenas costumbres.
(Miguel de Cervantes: «Trabajos de Persiles y Sigismunda», lib. IV, cap. V.)

Bonos corrumpunt mores congressus mali.
Las buenas costumbres se corrompen al contacto con los malos.
(Tertuliano: «Ad. uxor.», I, 8.)

Tres faciunt collegium.
Tres forman escuela.
(Digesto. L. 16: «De verbor, Signif.», 85.)

Nulla è più raro al mondo, che una persona abitualmente sopportabile.
Nada más raro en el mundo que una persona habitualmente soportable.
(G. Leopardi: «Pensieri».)

CONDICIONES Y SUERTES DESIGUALES

Non cuivis homini contingit adire Corinthum.
No a todos les es dado ir a Corintio.
(Horacio: «Epistolae», libro I, epist. XVII, v. 36.)

Non ex omni ligno Mercurius.
No de cualquier tronco se puede tallar un Mercurio.
(Apuleyo: «Apología».)

Duo quum idem faciunt, saepe ut possis dicere:
Hoc licet impune facere huic, illi non licet.
Frecuentemente dicen, cuando dos hacen una misma cosa:
Yo, que esto puedo hacer impunemente, no le es lícito hacerlo al otro.
(Terencio: «Adelphi», acto V, escena III, v. 827-828.)

Les grands ne nous paroissent grands que parce que nous sommes à genoux. Levons-nous!
Los grandes, únicamente nos parecen grandes porque nosotros estamos de rodillas. ¡Levantémonos!
(Loustalot, en el periódico de L. Prudhomme «Les Révolutions de Paris».)

Multi autem erunt primi novissimi, et novissimi primi.
Muchos entre los últimos serán los primeros, y entre los primeros, los últimos.
(Evangelios: «San Mateo», cap. XIX, v. 30; «San Marcos», cap. X, v. 31; «San Lucas», cap. XIII, v. 30.)

Sic erunt novissimi primi, et primi novissimi: multi enim sunt vocati, pauci vero electi.
Así, los primeros serán los últimos y los últimos serán los primeros; mas en verdad que muchos serán los llamados, empero pocos los elegidos.
(«Evangelio de San Mateo», capítulo XX, v. 16.)

Lo que el cielo tiene ordenado que suceda, no hay diligencia ni sabiduría humana que lo pueda prevenir.
(Miguel de Cervantes: «Coloquio de los perros».)

CONSUELOS EN EL MAL RECUERDOS
DEL BIEN PASADO

Alivia, al que cuenta sus desventuras, ver u oír que hay quien se duele de ellas.
(Miguel de Cervantes: «Trabajos de Persiles y Sigisrnunda», lib. I, cap. VII.)

Aparta la imaginación de los sucesos adversos que te pudiesen venir; que el peor de todos es la muerte, y como ésta sea buena, el mejor de todos es morir.
(Miguel de Cervantes: «Don Quijote», parte II, capítulo XXIV.)

Solamen miseris socios habuisse malorum.
Es un consuelo para desdichados haber tenido compañeros en la desgracia.
(Atribuída a Dionisio Catón.)

Mal de muchos, consuelo de bobos, o de todos.
(Refrán castellano.)

Nous avons tous assez de force pour supporter les maux d'autrui.
Siempre tenemos fuerza para soportar los males ajenos.
(La Rochefoucauld: «Maximes», § XIX.)

Et ces deux grands débris se consolaient entre eux.
Y estos dos grandes despojos se consolaban el uno al otro.
(Delille: «Jardins», canto IV.)

Grato m'è'l sonno, e più l'esser di sasso.
Grato me es el sueño, y más dejar de ser.
(Frase que Miguel Angel Buonarroti estampó en el mausoleo de Juliano de Médicis en San Lorenzo, de Florencia.)

Jucunda memoria est praeteritorum malorum.
Alegre es el recuerdo del mal pasado.
(Cicerón: «De finibus», libro II, cap. XXXII.)

... Nessun maggior dolore, che ricordarsi del tempo felice nella miseria.
No hay mayor dolor que acordarse del tiempo feliz en la miseria.
(Dante Alighieri: «Divina Comedia». Infierno, c. V, v. 121-123.)

Il ben passato e la presente noia!
¡El bien pasado y la presente tristeza!
(Torcuato Tasso: «Aminta», a. II, escena II.)

Nudus egressus sum de utero matris meae, et nudus revertar illuc. Dominus dedit, Dominus abstulit; sicut Domino placuit, ita factum est.
Desnudo vine del vientre de mi madre y desnudo volveré allá. El Señor me lo había dado, el Señor me lo ha quitado; las cosas han sucedido como ha placido al Señor.
(«Job», capítulo I, v. 21.)

CONSEJOS, REFLEXIONES, EJEMPLOS

On ne donne rien si liberalement que ses conseils.
Nada se da tan liberalmente como los consejos.
(La Rochefoucauld: «Maximes», § C. X.)

La critique est aisée, et l'ari est difficile.
La crítica es fácil, y el arte es difícil.
(Destouches: «Le Glorieux», acto II, esc. V.)

Castigat ridendo mores.
Riendo, corregir las costumbres.
(Jean de Santeuil: «Anecdotes Dramatiques», tomo I, pág. 104, ed. 1775.)

Longum iter est per praecepta, breve et efficax per exempla.
Largo es el camino de enseñar por medio de la teoría, breve y eficaz por el ejemplo.
(Lucio Anneo Séneca, el joven: «Epístolas», ep. VI, 5.)

CONTENTARSE CON SU PROPIA SUERTE

... Sors est sua quique ferenda.
Cada uno ha de soportar pacientemente su suerte.
(Manilio: «Astronomicon», lib. IV, v. 22.)

... Debbono i saggi adattarsi alla sorte.
Debemos adaptarnos sabiamente a la suerte.
(Pedro Metastaso: «Temístocles», acto I, esc. I.)

Aurea mediocritas.
Dorada mediocridad.
(Horacio: «Odas», lib. II, ord. 10, v. 5-6.)

... Laudato ingentia rura, exiguum colito...
La alabanza es un gran poder, pero la cultivan pocos.
(Virgilio: «Geórgicas», lib. II, v. 412-413.)

... Bene qui latuit bene vixit...
Bien ve quien siempre vive en la oscuridad.
(Ovidio: «Tristitia», lib. III, elegía IV, v. 25.)

Ama nesciri.
Ama no ser conocido.
(Kempis: «Imitación de Cristo», lib. I, cap. II, v. 15.)

Qui fit, Maecenas, ut nemo, quam sibi sortem.
Seu ratio dederit, seu fors objecerit, illa.
Contentas vivat, laudet diversa sequentes?
¿Por qué sucede, Mecenas, que ninguno vive contento de su condición, sea buena o mala, y envidia siempre la de los otros?
(Horacio: «Sat. I», v. I.)

CONCIENCIA, CASTIGO DE LAS FALTAS

Grave ipsius conscientiae pondus.
Grave es el peso de la propia conciencia.
(Cicerón: «De Natura Deorum», lib. III, cap. XXXV.)

Altissimus enim est patiens redditor.
El Altísimo es pagador paciente.
(«Eclesiastés», cap. V, v. 4.)

Oculum pro oculo, et dentem pro dente.
Ojo por ojo y diente por diente.
(«Exodo», cap. XXI, v. 24.)

Non resistere malo: sed si quis te percusserit in dexteram maxillam tuam, praebe illi et alteram.
No resistas al malo; así, si uno te golpea en la mejilla izquierda, ponle la derecha.
(«Evangelio de San Mateo», cap. V, v. 39.)

Vidi impium superexaltatum et elevatum sicut cedros Libani. Et transivi, et ecce non erat: et quaesivi eum, et non inventus locus ejus.
Yo vi al impío a tan gran altura ensalzado como los cedros del Líbano. Y pasó y después no era ya, y contemplé sobre su lugar y no apareció.
(David: «Salmos», XXXVI, versículos 35-36.)

Super aspidem et basiliscum ambulabis: et conculcabis leonem et draconem.
Sobre el león y el basilisco pisarás; hallarás el cachorro del león y al dragón.
(David: «Salmo XCI», v. 13.)

Los males que no tienen fuerza para acabar con la vida no la han de tener para acabar con la paciencia.
(Miguel de Cervantes: «Trabajos de Persiles y Sigismunda», lib. II, cap. VIII.)

Per quae peccat quis, per haec et torquetur.
Por lo que pecas serás castigado.
(«Libro de la Sabiduría», capítulo IX, v. 17.)

Il est avec le ciel des accommodements.
Ancho corno el cielo, es el modo de acomodarse.
(Molière: «Le Tartufe», acto IV, esc. V. Tomado de la Biblia.)

Dies irae, dies illa.
El día de la ira, aquel día...
(Tomás de Celano: «In die indicci».)

COSAS FISICAS

A horse! A horse! My kingdom for a horse!
¡Un caballo, un caballo! ¡Mi reino por un caballo!
(Shakespeare: «Ricardo III», acto V, esc. VIII.)

Les bêtes ne sont pas si bêtes que l'on pense.
Las bestias no son tan bestias como se piensa.
(Molière: «Amphitryon», v. 108 del prólogo.)

... Nullum est sine nomine saxum.
No hay ni piedra que no tenga su nombre.
(Lucano: «Fassalia», IX, 973.)

Eripuit caelo fulmen sceptrumque tyrannis.
Arrancó al cielo el rayo y el cetro a los tiranos.
(Turgot, inscripción al busto de Franklín.)

Da ubi consistam, et terram caelumque movebo.
Dadme un punto de apoyo y moveré la tierra y el cielo.
(Arquímedes, refiriéndose a la palanca.)

Natura abhorret vacuum.
La naturaleza tiene horror al vacío.
(René Descartes y antes Aristóteles y los peripatéticos.)

Natura non facit saltus.
La naturaleza no procede a saltos.
(Varios, entre ellos Linneo: «Philosophia botanica», cap. XXVII;
Leibnitz: «Nouveaux éssais», IV, 16; Fournier: «Esprit des autres»,
cap. VI, etc.)

De nihilo nihilum, in nihilum nil posse reverti.
Nada nace de la nada, nada puede tornarse en la nada.
(Persio: «Sátira III», v. 83-84.)

Omne vivum ex ovo.
Todos los seres vivos provienen de un huevo.
(Harvey: «Exercitationes de generatione animalium».)

MIL FRASES CÉLEBRES   41

Οναρ έχ Δτός έοτιν

El sueño viene de Júpiter.

(Homero: «Ilíada», lib. I, v. 23.)

Post mediam noctem visus, quum sommia vera.

Una visión después de media noche, cuando los sueños son verdad.

(Horacio: «Sátiras», lib. I. Sat. X, v. 33.)

CONSTANCIA, FIRMEZA, PERSEVERANCIA

Quia in aeternum non commovebitur.
Lo que es eterno no se conmueve.
(David: «Salmos», XLV, v. 6.)

Deus in medio eius non commovebitur.
Dios entre todo es inconmovible.
(David: «Salmos», CXI, v. 6.)

Justum et tenacem propositi virum,
Non civium ardor prava jubentium,
Non vultus instantis tyranny
Mente quatit solida...
El hombre justo y de tenaz propósito no se avendrá a cambiar su
firmeza ni ante el furor prepotente del pueblo, ni ante el fiero gesto
amenazador del tirano.
(Horacio: «Odas», lib. III, oda III, v. 1-4.)

Saró qual fui, vivrò com'io son visso.
Seré como fuí, viviré como he vivido.
(Petrarca: Soneto XCV.)

Come what come may, time and the hour runs through the
roughest day.
Venga lo que sea, aun en el día más borrascoso que se conozca en
el tiempo.
(Shakespeare: «Macbeth), acto I. esc. III.)

En los ánimos encogidos, nunca tuvo lugar la buena dicha.
(Miguel de Cervantes: «Trabajos de Persiles y Sigismunda», lib. I, cap. VIII.)

Esfuérzate; que el decaimiento en los infortunios apoca la
salud y acarrea la muerte.
(Miguel de Cervantes: «Don Quijote», parte II, cap. I.)

Gutta cavat lapidem.
La gota cava la piedra.
(Proverbio de todos los países y todas las épocas.)

Nil actum credens, quum quid superesset agendum.
No habrás hecho nada si te queda por hacer algo.
(Lucano: «Farsalia», lib. II, v. 657.)

Per angusta ad augusta.
Por lo angosto a lo espacioso.
(Frase de Margravio Ernesto de Brandeburgo.)

La pazienzia è cosa dura, e conviene meglio alla groppa del somiero che all'anima dell'uomo.
La paciencia es cosa pesada que conviene más a la grupa de la bestia que al espíritu del hombre.
(F. D. Guerrarzi: «Arsedio di Ferense».)

Le génie n'est qu'une longue patience.
El genio no es sino una prolongada paciencia.
(Herault de Zèchelles: «Voyage à Montbard», pág. 15.)

Aequam memento rebus in arduis servare mentem...
Procura conservar el espíritu sereno en los momentos de peligro.
(Horacio: «Odas», lib. II, oda III, versículos 1-2.)

Tu ne cede malis, sed contra audentior ito.
No cedas nada al malo, oponte a él ardientemente.
(Virgilio; «Eneida», lib. VI. v 95.)

Durate, et vosmet rebus servate secundis.
Presérvate y resérvate para mejor ocasión.
(Virgilio: «Eneida», libro I, v. 207.)

Mens immota manet, lachrimae volvuntur inanes.
Permanece inmutable en tu propósito y deja correr las lágrimas inútiles.
(Virgilio: «Eneida», lib. IV, v. 449.)

Perfer et obdura: multo graviora tulisti.
Soporta y persevera: Cosas muy graves soportaste.
(Ovidio: «Trist.», lib. V, eleg. XI, v. 7.)

Certa viriliter, sustine patienter.
Combate virilmente y soporta con paciencia.
(Kempis: «Imitación de Cristo», lib. III, cap. XIX, v. 16.)

Batti pure a escoltami.
Pega, pero escucha.
(Plutarco: «Vida de Temístocles», §11.)

Delenda Carthago!
¡Cartago será destruída!
(Discurso de Marcio Porcio Catón en el Senado romano.)

Fortiter in re, suaviter in modo.
Obrar fuerte con suave modo.
(Claudio Acquaviva, Jemita, en «Industriae ad cusandos animae morbos».)

Eppur si muove!
¡Y se mueve!
(Frase de Galileo, ante los jueces que le invitaban a retractarse de su hipótesis del movimiento de la Tierra.)

J'y suis et j'y reste.
Aquí estoy y aquí me quedo.
(Frase del general Mac Mahon en la guerra de Crimea.)

AVARICIA, EGOISMO

… Proxumus sum egomet mihi...
Lo mío por mí y para mí.
(Terencio: «Andria», acto IV, esc. I, v. 637.)

Après moi, le déluge!
¡Después de mí, el Diluvio!
(Frase de Luis XV.)

Non nubis solum nati sumus.
Nosotros no somos los únicos nacidos.
(Cicerón: «De officiis», lib. I, capítulo VII, § 22.)

Nam tua res agitur, paries quum proximus ardet.
Poca cosa debe importarte que se queme la casa del vecino.
(Horacio: «Epístolas», lib. I, ep. XVIII, v. 84.)

Poderoso caballero es don dinero.
(Título de una letrilla de Francisco Quevedo Villegas.)

Heredis fletus sub persona risus est.
El llanto del heredero es una risa disimulada.
(Refrán latino.)

Gli uomini dimenticano piuttosto la morte del padre che la perdita del patrimonio.
Los hombres olvidan antes la muerte de su padre que la pérdida del patrimonio.
(Maquiavelo: «El príncipe», cap. XXII.)

MUJERES, MATRIMONIO

Das Ewigweibliche.
El eterno femenino.
(Goethe: «Fausto», acto V.)

Forma ideal purissima della belleza eterna.
Forma ideal pura de la belleza eterna.
(Goethe: «Fausto», acto IV.)

La hermosura que se acompaña con la honestidad es hermosura, y la que no, no es más que un buen parecer.
(Miguel de Cervantes: «Trabajos de Persiles y Sigismunda», lib. IV, cap. I.)

Les femmes sont extrêmes: elles sont meilleures ou pires que les hommes.
Las mujeres van a los extremos: o son mejores o son peores que los hombres.
(La Bruyère: «Caracteres. Des femmes», § 53.)

Sapiens mulier aedificat domum suam: insipiens extructam quoque manibus destruet.
La mujer sabia edifica la casa: la estúpida entre sus manos la destruye.
(«Proverbios», cap. XIV, v. 1.)

Les hommes font les lois, les femmes font les moeurs.
Los hombres hacen las leyes; las mujeres, las costumbres.
(J. A. H. de Guibert: «Le connetable de Bourbon», acto I, esc. IV.)

La donna è mobile — Qual piuma al vento, — Muta d'accento — e di pensier.
La mujer es móvil — como pluma en el viento, — cambia de acento y de pensamiento.
(F. M. Piave. «Rigoletto», acto III, esc. II.)

… Varium et mutabile semper femina...
Varia y mudable es siempre la mujer.
(Virgilio: «Eneida», lib. IV. v. 569-570.)

Femina è cosa mobil per natura.
La mujer es cosa variable por naturaleza.
(Petrarca: Soneto XXXI.)

Crede ratem ventis, animam ne crede puellis, namque est feminea tutior unda fide.
Confía la nave al viento, pero no el corazón a las mujeres, porque las olas son más seguras que la fe de ellas.
(Petronio: «De mulierum levitate».)

Frailty, thy name is woman!
¡Fragilidad, hasta tu nombre es femenino!
(Shakespeare: «Hamlet», acto I, escena II.)

Cherchez la femme.
Buscad la mujer.
(Dumas padre: «Les Mohicans de Paris» acto III, cuadro V, escena VII)

Propter speciem mulieris multi perierunt.
La belleza de la mujer fué causa de que muchos sucumbieran.
(«Eclesiastés», cap. IX, v. 9.)

Vinum et mulieres apostatare faciunt sapientes.
El vino y las mujeres hacen apostatar a los sabios.
(«Eclesiastés», cap. XIX, v. 2.)

Mulier cum sola cogitat male cogitat.
La mujer cuando piensa, mal piensa.
(Publio Siro: «Mimí».)

Mulieres in ecclesiis taceant.
Las mujeres, en la iglesia, callen.
(San Pablo: «Epístola a los corintios», I, capítulo XIV, v. 34.)

Major dignitas est in sexu virili.
La máxima dignidad está en el sexo masculino.
(Ulpiano, en el «Digesto», lib. I, tít. IX, lex. 1.)

Il mestiere di molestar le femmine, il più pazzo, il più ladro, il più arrabbiato mestiere di questo mondo.

El oficio de molestar de la mujer es el más imbécil, el más malo, el más rabioso que existe en este mundo.

(Manzoni: «Los novios», cap. XXIII.)

«Caelebs» caelestium vitam ducens.

El celibato puede decirse que conduce a la vida celestial.

(Prisciano: «Institutiones Gramaticae», lib. I, § 23.)

Ci-gît ma femme: oh qu'elle est bien.
Pour son repos et pour le mien.

Aquí yace mi mujer; qué bien está, para su reposo y para el mío.

(Traducción de un epigrama antiguo atribuido a Pirón.)

Melius est nubere quam uri.

Mejor es matrimoniar que abrasarse (en deseo.)

(San Pablo: «Epístola a los corintios», cap. VII, v. 9.)

Il matrimonio è il sepolcro dell'amore; però, dell'amore pazzo, dell'amore sensuale.

El matrimonio es el sepulcro del amor; pero del amor estúpido, del amor sensual.

(F. D. Guerrassi: «Epistolario», carta 421.)

L'honnêteté des femmes est souvent l'amour de leur réputation et de leur repos.

La honestidad de las mujeres es frecuentemente el amor a su reputación y a su tranquilidad.

(La Rochefoucauld: «Máximas», § 205.)

Ah! n'insultez jamais une femme qui tombe!
Qui sait sous quel fardeau la pauvre âme succombe!

¡Ah, no insultéis nunca a la mujer que cae! ¡Quién sabe bajo qué agobio ha sucumbido su pobre alma!

(Víctor Hugo: «Chants du crépuscule», poesía XIV.)

Le divorce est le sacrement de l'adultère.
El divorcio es el sacramento del adulterio.
(Guichard.)

La faute en est aux Dieux
Qui la firent si belle.
Et non pas à mes yeux.
La falta es de los Dioses que la hicieron tan bella, no de mis ojos.
(Juan de Lingendes.)

… Mulier recte olet, ubi ni nihil olet.
Bien siente la mujer que nada siente.
(Plauto: «Mortellaria», acto I, escena III, v. 273.)

Intolerabilius nihil est quam femina dives.
Nada tan intolerable como una mujer rica.
(Juvenal, sátira VI, v. 460.)

Quis ferat uxorem cui constant omnia?...
¿Quién soportaría a una mujer que tuviera todas las perfecciones?
(Juvenal, sátira VI, v. 166.)

Os ex ossibus meis, et caro de carne mea.
Huesos de mis huesos, carne de mi carne.
(«Génesis», capítulo II, v. 23.)

Erunt duo in carne una.
Serán dos en una sola carne.
(«Génesis», cap. II, v. 24.)

Spectatum veniunt, veniunt spectentur ut ipsae.
Vengo para admirar y para ser admirada.
(Ovidio: «Ars Amatoria», lib. I, v. 99.)

ERRORES, FALACIA DE LOS DESEOS, INSUFICIENCIA DE LOS PROPOSITOS

... Quandoque bonus dormitat Homerus.
Alguna vez, Homero se duerme.
(Horacio: «Arte poética», versículo 359.)

C'est plus qu'un crime, c'est une faute.
Es más que un crimen, es una falta.
(José Fouché, Ministro de Policía bajo el Primer Imperio.)

Il n'y a plus une seule faute à commettre.
Nunca se comete una sola falta.
(Frase de Thiers en el Cuerpo Legislativo.)

Hell is paved with good intentions.
El infierno está enladrillado de buenas intenciones.
(Samuel Jouson.)

Potea, non volle, or che vorría, non puote.
El que puede no quiere y el quiere no puede.
(L. Fianechí: «I due susine».)

Homo proponit, sed Deus disponit.
El hombre propone y Dios dispone.
(Kempis: «Imitación de Cristo», libro I, cap. XIX, v. 9.)

Homo semper aliud, fortuna aliud cogitat.
Siempre que el hombre piensa una cosa, la fortuna piensa otra.
(Publio Siro: «Mimí».)

... Oleum et operam perdidi.
El aceite y el trabajo, perdidos.
(Plauto: «Poenulus», acto I, esc. II, v. 119.)

En toute chose il faut considérer la fin.
En toda cosa hace falta considerar el fin.
(La Fontaine: «Fábulas», lib. III, fab. V.)

Facilis descensus Averni.

Fácil es la caída al Infierno.

(Virgilio: «Eneida», lib. II, v., 126.)

Parturiunt montes, nascetur ridiculus mus.

Parirán los montes y nacerá un ridículo ratón. Se emplea más esta frase: «El parto de los montes», para significar la pequeña cosa que vino precedida de grandes anuncios.

(Horacio: «Arte poética», v. 139.)

EXPERIENCIA

El que lee mucho y anda mucho, ve mucho y sabe mucho.
(Miguel de Cervantes: «Don Quijote», parte II, capítulo XXV.)

Mejor gobernará el timón de una nave el que hubiese sido marinero, que no el que sale de las escuelas de la tierra para ser piloto: la experiencia en todas las cosas es la mejor maestra de las artes.
(Miguel de Cervantes: «Trabajos de Persiles y Sigismunda», libro I, cap. XIV.)

… Experto credite…
Cree a quien lo ha experimentado.
(Virgilio: «Eneida», lib. XI, v. 283.)

Non ignara mali, miseris succurrere disco.
No ignora el dolor quien corre a socorrer al desventurado.
(Virgilio: «Eneida», lib. I, v. 630.)

Magister est prioris posterior dies.
El día que precede es maestro del posterior.
(Píndaro: «Olimp.», I, versículos 53-54.)

Ars longa, vita brevis.
El arte es largo, la vida breve.
(Hipócrates: «Aforismos».)

Occasio praeceps, experimentum periculosum, judicium difficile.
La ocasión fugaz, el experimento peligroso, el juicio difícil.
(Hipócrates: «Aforismos».)

Nil admirari.
No maravillarse de nada.
(Horacio: «Epístolas», lib. I, ep. VI, v. 1.)

Nihil sub sole novum.
Nada hay nuevo bajo el Sol.
(«Eclesiastés», cap. I, v. 10.)

Es ist eine alte Geschichte, doch bleibt sie immer neu.
Es una antigua historia que siempre parece nueva.
(Heine: «Ein Jüngling liebt ein Mädchen».)

… Laudator temporis acti.
Alabanza del tiempo pasado.
(Horacio: «Arte poética», v. 173.)

Il mondo invecchia, e invecchiando instristisce.
El mundo envejece, y envejeciendo entristece.
(Torcuato Tasso: «Aminta», acto II, esc. II, v. 70-72.)

Declina il mondo, e peggiorando invecchia.
Declina el mundo y empeorando envejece.
(Metastasio: «Demetrio», acto II, esc. VIII.)

Torniamo all'antico.
Volvamos a lo antiguo.
(G. Verdi: «Carta a Francisco Florismo».)

Jamais l'exil n'a corrigé les rois.
Jamás el destierro corrigió a los reyes.
(Juan Pierre de Bérenger: «Denys, maître d'école».)

FALACIA DE LOS JUICIOS, FALSA APARIENCIA, REGLAS, DE ENJUICIAMIENTO

O quanta species!...cerebrum non habet.
¡Oh, cuánta apariencia!...Pero cerebro no hay.
(Fedro: «Fábulas», lib. I, fáb. VII. «La zorra y la máscara trágica».)

Ognun vede quel che tu pari, pochi, sentono quel che tu sei.
Alguno velo que tú pareces; pocos sienten lo que eres.
(Maquiavelo: «El príncipe», cap. XVIII.)

Honni soit qui mal y pense!
Desvergonzado sea quien de esto piense mal.
(Mote de la Orden inglesa de la Jarretiera.)

Et voilà justement comme on écrit l'histoire!
He aquí exactamente cómo se escribe la historia.
(Voltaire: «Charlot», acto I, esc. VII.)

Non sum propheta, et non sum filius prophetae.
No soy profeta, ni hijo de profeta.
(Roblies: «Amos», capítulo VII, v. 14.)

Racine passera comme le café.
Racine se evaporará como el café.
(Mme. de Sévigné, née María de Rabutin Chantal.)

FAMILIA

Où peuton être mieux. Qu'au sein de sa famille?
¿Dónde puede uno hallarse mejor que en el seno de su familia?
(I. F. Marmontel: «Lucile», esc. V.)

Parientes y trastos viejos, pocos y lejos.
(Refrán español.)

Non est bonum esse hominen solum.
No es bueno que el hombre esté solo.
(«Génesis», cap. II, v. 18.)

Vae soli.
¡Ay del que está solo!
(«Eclesiastés», capítulo IV, v. 10.)

Inimici hominis domestici ejus.
Enemigos del hombre son sus parientes.
(«Evangelio de San Mateo», capítulo X, v. 36.)

Acerrima proximorum odia.
El grande odio de los vecinos.
(Tácito: «Histor.», lib. IV, cap. LXX.)

De tal palo, tal astilla.
(Refrán castellano.)

… Ogn'erba si conosce per lo seme.
Cada hierba se conoce por su semilla.
(Dante: «Divina Comedia». Purgatorio, c. XVI, v. 114.)

Sicut mater, ita et filia ejus.
Cual la madre, así es la hija.
(«Ezequiel», c. XVI, v. 44.)

Et sequitur leviter filia matris iter.
Fácilmente la hija sigue el rastro de la madre.
(Rabelais: «Pantagruel», libro III, cap. XLI.)

Acontece tener un padre un hijo feo y sin gracia alguna y el amor que le tiene le pone una venda en los ojos para que no vea sus faltas, antes las juzga por discreciones y lindezas, y las cuenta a sus amigos por agudezas y donaires.
(Miguel de Cervantes: «Don Quijote». Prólogo, I parte.)

Qui parcit virgae odit filium.
Quien ahorra el palo, no quiere a su hijo.
(«Proverbios», cap. XIII, v. 24.)

Benedictio patris firmat domos filiorum; maledictio autem matris eradicat fundamenta.
La bendición del padre consolida la casa del hijo; la maldición de la madre nos arranca las entrañas.
(«Eclesiastés», capítulo III, v. 11.)

On est toujours l'enfant de quelqu'un.
Se es siempre el hijo de alguno.
(Beaumarchais: «Mariage de Fígaro», acto III, esc. XVI.)

La vie privée d'un citoyen doit être murée.
La vida privada de un ciudadano debe ser recinto amurallado.
(Frase atribuída por Stendhal a Talleyrand.)

HECHOS Y ACONTECIMIENTOS HISTORICOS

Magnus ab integro saeculorum nascitur ordo.
Se renueva incesantemente el gran ciclo de los siglos.
(Virgilio: «Egloga», IV, v. 5.)

Quinctili Vare, legiones redde!
¡Quintilio Varo, redime mi legión!
(Suetonio: «Vida de Augusto», capítulo XXIII.)

J'ai vècu.
He vencido.
(Respuesta del abate Siéyès.)

Finis Poloniae!
¡Se acabó Polonia!
(Grito de Taddeo Kosciuszko en la jornada triste del Io octubre 1794.)

Voilà le soleil d'Austerlitz!
¡He ahí el sol de Austerlitz!
(Frase de Napoleón I a sus oficiales en el amanecer del 7 octubre 1812, al columbrar el sol de Moscovia.)

Governo negazione di Dio.
Este sistema de Gobierno es la negación de Dios.
(Frase de W. E. Gladstone en su discurso de 7 abril 1851.)

Manos blancas no ofenden.
(Frase del ministro Calomarde a la infanta Luisa Carlota de Borbón, que le abofeteó cuando salía de la habitación de Carlos IV de hacerle firmar el testamento, que la infanta rompió, desautorizando la Ley Sálica.)

HECHOS Y PALABRAS

Words! Words! Words!
¡Palabras! ¡Palabras! ¡Palabras!
(Shakespeare: «Hamlet», acto I, esc. II.)

Chi lo dice non lo fá!
¡Quien lo dice no lo hace!
(P. Ferrari. Título de un drama contra el suicidio.)

Spiritus quidem promptus est, caro autem infirma.
El espíritu a la verdad está presto, mas la carne es flaca.
(«Evangelio de San Mateo», cap. XXVI, v. 41; «San Marcos», cap. XIV, v. 38.)

L'animo è pronto, ma il potere è zoppo.
El ánimo es rápido, pero el poder es cojo.
(Ariosto: «Orlando furioso», canto XXV, v. 76.)

Factum est illud; fieri infectum non potest.
Aquello es lo hecho y nada se puede hacer que no sea lo hecho.
(Canto VIII, «Aulularia», act. IV, esc. X, v. 11.)

FELICIDAD, INFELICIDAD

Ambición es, pero ambición generosa, la de aquel que pretende mejorar su estado sin perjuicio de tercero.
(Miguel de Cervantes: «Coloquio de los perros».)

Do altos espíritus es aspirar a cosas altas.
(Miguel de Cervantes: «Trabajos de Persiles y Sigismunda», libro II, cap. VII)

Des malheurs évités le bonheur se compose.
La felicidad se compone de desgracias evitadas.
(Alfonso Karr: «Les Guêppes», enero 1842.)

On n'est jamais si heureux, ni si malheureux qu'on s'imagine.
No se es jamás tan dichoso ni tan desgraciado como uno se imagina.
(La Rochefoucauld: «Máximas», § 49.)

Quem enim diligit Dominus, corripit.
El Señor corrige a aquellos que ama.
(«Proverbios de Salomón», capítulo III, v. 12.)

Res est sacra miser.
La miseria es cosa sagrada.
(L. Anneo Séneca: «Epg. IV», v. 9.)

FORTUNA, SINO

... Nel mondo, sua ventura ha ciáscun dal di che nasce.
En el mundo tiene su destino cada uno desde el día en que nace.
(Petrarca. Soneto XXXV.)

Ducunt volentem fata nolentem trahunt.
Hace falta un buen guía que arrastre a los otros.
(Lucio Anneo Séneca: «Epistolae», ep. 107, 9.)

Fata viam invenient...
Hace falta encontrar el camino.
(Virgilio: «Eneida», lib. III, v. 395.)

Licet quamplurimos occidas, tamen non potes succesorem tuum occidere.
Cuantos más de nosotros mates, menos podremos matar a tus sucesores.
(Dione Cassio: «Historia», lib. LXI, cap. XVIII.)

Fabrum esse quemque fortune.
Cada uno es artífice de su propia fortuna.
(Appio Claudio.)

Chacun est artisan de sa bonne fortune.
Cada uno es artesano de su buena fortuna.
(Mathurin Régnier: «Traducción de Salustio», sátira XIII, v. 110.)

Ante mortem ne laudes hominem quemquam.
Antes de la muerte no alabes a ninguno.
(«Eclesiastés», capítulo XI, v. 30.)

La vita el fin e'i dí loda la sera.
A la vida el fin, y al día, alaba la tarde.
(Petrarca: «Canzone in vita di M. Laura», I, 4.)

Dio ti guardi dal giorno della lode.
Dios te guarde del día de las alabanzas.
(Proverbio de todos los países.)

Prudens futuri temporis exitum
Caliginosa nocte premii Deus.
Prudentemente Dios esconde entre caliginosas tinieblas la eventualidad de lo por venir.
(Horacio: «Odas», lib. III, od. 29, versículos 29-30.)

Fortuna multis dat nimis, satis nulli.
La Fortuna a muchos da demasiado, a ninguno bastante.
(Marcial: «Epigramas», lib. XII, epigr. X, v. 2.)

A aucuns les biens viennent en dormant.
A algunos la fortuna les llega cuando están durmiendo.
(Anécdota y frase de Luis XI.)

Du sublime au ridicule il n'y a qu'un pas.
De lo sublime a lo ridículo no hay más que un paso.
(Frase de Napoleón I.)

Etiam periere ruinæ.
Nosotros desapareceremos además de las ruinas.
(Lucano: «Farsalia», lib. IX, v. 969.)

Fu il vincer sempre mai laudabil cosa,
Vincasi o per fortuna o per ingegno.
Fué siempre el vencer laudable cosa, vénzase por fortuna o por ingenio.
(Ariosto: «Orlando furioso». Canto XV, v. 1.)

Victrix causa Deis placuit, sed victa Catoni.
La causa del vencedor agrada a los Dioses; la del vencido, a Catón.
(Lucano: «Farsalia», lib. I. v. 128.)

… Il mìo core è maggior di mia fortuna.
Mi corazón es mayor que mi fortuna.
(Metastasio: «Didone abbandonata», acto I, esc. VI.)

Fortuna opes auferre, non animum, potest.
El destino puede arrancar las riquezas; el ánimo, no.
(Séneca: «Medea», acto II, esc. I, v. 176.)

Le profit de l'un est dommage de l'autre.
El provecho de unos es el daño de otros.
(Montaigne: «Essais», capítulo XXI, lib. I.)

FRAUDE, PILLERIA, VEJACION

Mundus vult decipi, ergo decipiatur.
El mundo desea ser engañado, pues engañémosle.
(J. Augusto de Thou: «Historiae sui temporis», lib. XVII.)

La raison du plus fort est toujours la meilleure.
La razón del más fuerte es siempre la mejor.
(La Fontaine: «Fábulas», lib. I, fáb. X.)

Macht geht vor Recht.
La Fuerza sobrepasa al Derecho.
(Bismarck.)

Quod non fecerunt Barbari, Barbarmi fecerunt.
Lo que no hizo Bárbaro, lo hicieron los Bárbaros.
(Frase en el mausoleo del Papa Urbano VIII. Maffeo Barberini.)

La mentira se disimula con la máscara de la verdad.
(Miguel de Cervantes: «Trabajos de Persiles y Sigismunda», lib. I, cap. II.)

NOCHE

Nox erat et caelo fulgebat luna sereno.
Era de noche y la esplendente luna relucía en el cielo sereno.
(Horacio: «Epodi», oda XV, v. 1.)

Notte! funesta, atroce, orribil notte!
¡Noche funesta, atroz, horrible noche!
(V. Alfieri: «Oreste», acto I, versículo 1.)

JUVENTUD, VEJEZ

Maxima debetur puero reverentia...
Al niño le debemos la mayor consideración.
(Juvenal: «Sátira» XIV, versículo 47.)

Decet verecundum esse adulescentem...
Conviene que el adolescente sea honesto.
(Plauto: «Asinaria», acto V, escena I, v. 14.)

Sinite parvulos venire ad me.
Dejad que los niños se acerquen a mí.
(«Evangelio de San Marcos», capítulo X, v. 14.)

Enfants terribles.
Niños terribles.
(Título de una comedia de Gavarni.)

... Cet âge est sans pitié.
Esta edad (la de los niños) es sin piedad.
(La Fontaine: «Fábulas», lib. IX, fabula II, v. 54.)

Chaque âge a ses plaisirs, son esprit et ses moeurs.
Cada época tiene sus placeres, su espíritu y sus costumbres.
(Boileau: «Art. poétique», c. III, v. 374.)

**Nos quoque floruimus, sed flos erat ille caducus,
Flammaque de stipula nostra brevisque fuit.**
Nosotros también florecimos un día, pero aquellas flores pronto pasaron y fué nuestra llama de estopa, fuego pasajero.
(Ovidio: «Tristia», lib. V, eleg. VIII, versículos 19-20.)

**Gaudeamus igitur.
Juvenes dum sumus!
Post jucundam juventutem
Post molestam senectutem
Nos habebit humus.**
¡Gocemos mientras seamos jóvenes! Después la riente mocedad, luego la doliente vejez, la tierra nos espera.
(Canto de los estudiantes alemanes.)

Pensier canuti in giovenil etate.
Pensamiento sesudo en edad juvenil.
(Petrarca: «Trionfo della pudicizia», versículo 88.)

La plupart des hommes emploient la première partie de leur vie à rendre l'autre misérable.
La mayor parte de los hombres emplean la mitad de su vida en hacer miserable la otra mitad.
(La Bruyère: «Caracteres», volumen I. cap. II, «De l'homme», § 102.)

Nel mezzo del cammin di nostra vita...
En la mitad del camino de nuestra vida.
(Dante: «Divina Comedia». Infierno, canto I, v. 1.)

**Eheu fugaces, Postume, Postume,
Labuntur anni...**
¡Eh, Postumo, Postumo, huyen veloces los años!
(Horacio: «Odas», lib. II, od. XIV. versículos 1-2.)

Magna fuit quondam capitis reverentia cani.
Grande era en un tiempo el respeto a la cabeza encanecida.
(Ovidio: «Fastos», lib. V, v. 57.)

Peu de gens savent être vieux.
Pocos saben ser viejos.
(La Rochefoucauld: «Máximas», § 423.)

Turpe senex miles, turpe senilis amor.
Torpe tropa senil, torpe amor de los viejos.
(Ovidio: «Amores», libro I, eleg. IX v. 4.)

Nemo est tam senex quise annum non putet posse vivere.
Nadie es tan viejo que no crea poder vivir aún un año.
(Cicerón: «De senectute», lib. VII.)

Más fuerza tiene el tiempo para deshacer y mudar las cosas que las humanas voluntades.
(Miguel de Cervantes: «Don Quijote», parte primera, cap. XLIV.)

No hay memoria que el tiempo no acabe, ni dolor que la muerte no le consuma.
(Miguel de Cervantes: «Don Quijote», parte primera, cap. XV.)

JUSTICIA, LEYES

Unicuique suum.
A cada uno lo suyo.
(Cicerón: «De Natura deorum», III, 15.)

Juris praecepta sunt haec: honeste vivere, alterum non laedere, suum cuique tribuere.
Estos son los preceptos del derecho: vivir honestamente, no ofender a otro y dar a cada uno lo suyo.
(Ulpiano: Lib. I. Regularum in Digesto, lib. I, X, 1.)

Reddite («ergo») quae sunt Caesaris, Caesari, et quae sunt Dei, Deo.
Al César lo que es del César y a Dios lo que es de Dios.
(Evangelios: «San Mateo», capítulo XXII, v. 21; «San Marcos», cap. XII, v. 17; «San Lucas», cap. XX, v. 25.)

Justus ut palma florebit.
El justo florecerá como la palma.
(David: «Salmos», XCI, v. 2.)

Dilexi justitiam, et odivi iniquitatem, propterea morior in exilio.
Amó la justicia y odió la iniquidad; por ello murió en el destierro.
(En el mausoleo del Papa Gregorio VII)

Misericordia et veritas obviaverunt sibi: justitia et pax osculatae sunt.
La misericordia y la verdad van juntas: son el beso de la justicia y paz.
(David: «Salmo LXXXIV», v. 2.)

Justitia...erga Deos religio, erga parentes pietas, creditis in rebus fides...nominatur.
La justicia, respecto de Dios, se llama religión; respecto a los parientes, piedad, y hacia las cosas desconocidas, fe.
(Cicerón: «De partitione oratoria», § 22.)

Summmus jus, summa iniuria.
El derecho llevado al extremo puede tocar en la injusticia.
(Cicerón: «De officiis», lib. I, cap. X.)

Noli esse Justus multum.
No se debe pretender ser exageradamente justo.
(«Eclesiastés», lib. VII, capítulo XVII.)

Audiatur et altera pars.
Se debe escuchar también la parte contraria.
(Apotegma jurídico.)

Impossibilium nulla obligatio est.
No se puede obligar a lo imposible.
(Digesto: Ley 185.)

Fiat justitia et pereat mundus.
Se haga justicia, y perezca el mundo.
(Digesto: Ley 3.)

Périssent les colonies plutôt qu'un principe.
Mueran las colonias antes que un principio.
(Pierre-Samuel Dupont de Némours. 15 de mayo de 1791, en la Asamblea Nacional.)

Discite iustitiam moniti, et non temnere divos.
Dedícate a cultivar la justicia y no a despreciar a los dioses.
(Virgilio: «Eneida», lib. IV, v. 620.)

… Ce sont là jeux de prince: on respecte un moulin, on vole une province!
Son juegos de príncipe: respetar un molino y robar una provincia.
(Francois Andrieux: «Le meunier de Sans-Souci».)

La Cour rend des arrêts et non pas des services.
La Corte dicta sentencias, no servicios.
(Frase de Antoine Jean Ségnier, presidente de la Corte de Justicia de París bajo el Primer Imperio.)

Expedit («vobis») ut unus moriatur homo pro populo.
Nos conviene que un hombre muera por el pueblo.
(«Evangelio de San Juan», cap. XI, v. 50.)

Judex damnatur ubi nocens absorvitur.
La condena del culpable y la absolución del inocente.
(Publio Siro: «Mimí», n. 257.)

Caussa patrocinio non bona peior erit.
La causa injusta se hace peor al querer defenderla.
(Ovidio: «Tristia», libro I. eleg. I, v. 26.)

Roma locuta («est») causa finita («est»).
Roma ha hablado; se acabó el litigio.
(San Agustín: «Sermones»; sermón 131, § 10.)

Les querelles ne dureraint pas longtemps, si le tort n'était que d'un côté.
Los pleitos no durarían tanto si la culpa no estuviese más que en una de las partes.
(La Rochefoucauld: «Máximas», §496.)

Los delitos llevan a las espaldas el castigo.
(Miguel de Cervantes: «Trabajos de Persiles v Sigismunda», libro I, cap. VIII.)

Cuando te sucediere juzgar algún pleito de algún tu enemigo, aparta las mientes de tu injuria y ponlas en la verdad del caso.
(Miguel de Cervantes: «Don Quijote», parte II, cap. XLII.)

GOBIERNO, LEYES, POLITICA

Videbis, fili mi, quam parva sapientia regitur mundus.
Verás, hijo mío, con cuán poca sabiduría se puede regir el mundo.
(Axel de Oxenstierna a su hijo.)

Los jueces discretos castigan, pero no toman venganza de los delitos; los prudentes y los piadosos, mezclan la igualdad con la justicia, y entre el rigor y la clemencia dan luz de su buen entendimiento.
(Miguel de Cervantes: «Trabajos de Persiles y Sigismunda», lib. III, cap. X.)

Salus populi suprema lex esto.
La salud del pueblo está en la supremacía de la ley.
(Cicerón: «De legibus», libro III, cap. III.)

Tu regere imperio populos, romane, memento,
Parcere subjectis et debellare superbos.
Recordad, romanos, que debéis regir al mundo con vuestro Imperio...perdonar al que se somete y domeñar al soberbio.
(Virgilio: «Eneida», lib. VI, v. 852 y 854.)

Imperium et libertas.
Imperio (por justicia o mando) y libertad.
(Frase muy usada por los oradores antiguos.)

Nulla lex satis commoda omnibus est.
Ninguna ley es igualmente cómoda (o beneficiosa) para todos.
(Marco Porcio Catón, en «Tito Livio», lib. XXXIV, capítulo III.)

La légalité nous tue.
La legalidad nos mata.
(Frase de Viennet en la Cámara francesa, el 23 marzo 1833.)

Corruptissima republica plurimae leges.
Muchas son las leyes de las repúblicas corrompidas.
(Tácito: «Anales», lib. III, cap. XXVII.)

Legem brevem esse oportet, quo facilius ab imperitis teneatur.
La ley debe ser breve para que la aprendan más fácilmente los inexpertos.
(Lucio Anneo Séneca: «Epistolae», XCIV, § 38.)

L'Empire c'est la paix.
El Imperio es la paz.
(Frase de Napoleón III en un discurso de fecha 9 octubre 1852.)

Boni pastoris esse tondere pecus, non deglubere.
Los buenos pastores deben esquilar sus ovejas, no desollarlas.
(Suetonio: «Vida de Tiberio», § 32.)

La politique n'a pas d'entrailles.
La política no tiene entrañas.
(Frase de Napoleón III.)

Misera contribuens plebs.
La pobre plebe paga.
(Corpus Juris Hungarici. Decretum II.)

Un volgo disperso che nome non ha.
Vulgo ignorante que no tiene nombre.
(Manzoni: «Adelchi», acto III.)

Government of the people, by the people, for the people.
Gobierno del pueblo, al pueblo y para el pueblo.
(Abraham Lincoln.)

Si a los oídos de los príncipes llegase la verdad desnuda, sin los vestidos de la lisonja, otros siglos correrían.
(Miguel de Cervantes: «Don Quijote de la Mancha», parte II, cap. II.)

L'insurrection est le plus saint des devoirs.
La insurrección es el más santo de los deberes.
(La Fayette: Discurso en la Asamblea Constituyente. 20 febrero 1790.)

La propriété c'est le vol.
La propiedad es un robo.
(Pierre-Joseph Proudhon en el libro «Qu'est-ce que la propriété?»)

Non bisogna abolire la proprietá perché oggi è di pochi, bisogna aprire la via perché i molti possano acquistarla.
No es necesario abolir la propiedad para hoy y para el futuro; lo que es necesario es abrirle el camino por el cual vayan todos a conquistarla.
(G. Mazzini: «Doveri dell'uomo». XI, § 2.)

Proletarier aller Länder, vereinigt Euch!
¡Proletarios de todos los países, uníos!
(Carlos Marx y Federico Engels: Manifiesto Comunista.)

Independenti sempre, ma isolati mai.
Independiente siempre; aislado, jamás.
(Palabras de Mingueti en un discurso de 28 set. 1864.)

Entente cordiale.
Cordial entendimiento.
(Frase de lord Aberdeen, utilizada después para definir las relaciones entre Inglaterra y Francia.)

Es dulcísima cosa el mandar y ser obedecido.
(Miguel de Cervantes: «Don Quijote de la Mancha», parte II, capítulo XLII.)

Die Politik ist Keine exakte Wissenschaft.
La política no es una ciencia exacta.
(Frase de Bismarck en la Cámara prusiana el 18 de diciembre de 1863.)

El árbol es la salvación de España.
(Joaquín Costa: Discurso pronunciado en Zaragoza el 22 enero 1906.)

GRATITUD, INGRATITUD

L'ingratitude est l'independance du coeur.
La ingratitud es la independencia del corazón.
(Palabras de Nestore Roqueplan.)

Ingrata Patria, ne ossa quidem mea habes.
Ingrata Patria, no echarás de menos ni a mis huesos.
(Valerio Máximo: «Vida de Publio Cornelio Escipión, el Africano».)

Il a travaillé, il a travaillé pour le roi de Prusse.
Ha trabajado, ha trabajado para el rey de Prusia.
(Canción acusando de traidor al mariscal Soubise.)

Ingratus unus omnibus miseris nocet.
Un solo ingrato inficiona a todos los inocentes.
(Publio Siro: «Sentencias», n. 43.)

(«Quia») Ventum seminabunt et turbinem metent.
Quien siembra vientos recoge tempestades.
(«Biblia». Oseas, cap. VIII, v. 7. Refrán popular.)

De gente bien nacida es agradecer los beneficios que se reciben, y uno de los pecados que más a Dios ofenden es la ingratitud.
(Miguel de Cervantes: «Don Quijote», parte I, cap. XXII.)

Siempre los malos son desagradecidos.
(Miguel de Cervantes: «Don Quijote», parte I, cap. XXIII.)

GUERRA Y PAZ

... Bella, horrida bella.
Guerra, horrible guerra.
(Virgilio: «Envida», lib. VI, v. 86.)

... Bella detestata...
¡Guerra detestada!
(Horacio: «Odas», I, v. 24.)

Ultima razón de Reyes.
(Pedro Calderón de la Barca: «En esta vida todo es verdad y todo es mentira» acto II, esc. XXIII.)

Ultima ratio regum.
Ultima razón del rey.
(Frase de cañón de Luis XIV.)

II danaro e il nervo della guerra.
El dinero es el nervio de la guerra.
(Maquiavelo: Discurso sobre la primera «Década», de Tito Livio, lib. II.)

Silent leges inter arma.
Calle la ley entre las armas.
(Cicerón: «Pro Milone», IV, 10.)

Tout soldat francais porte dans sa giberne le bâton de Maréchal de France.
Todo soldado francés lleva en su cartuchera el bastón de mariscal de Francia.
(Frase de Napoleón I.)

Η ταν η επί ταζ.
O con esto o sobre esto.
(De la frase: Fili, inquit, «aut hunc, aut super hoc», con la cual las madres espartanas despedían a sus hijos que partían a la guerra, entregándoles sus escudos.)

Ave, Caesar Imperator, morituri te salutant.
Adiós, César Emperador; los que van a morir te saludan.
(Grito de los gladiadores en el circo, antes de comenzar la pelea.)

Τουτψ νιχα
(«In») Hoc signo vinces.
Con este signo se vence.
(Palabras de Constantino ante una cruz milagrosamente aparecida
en el cielo el año 312.)

Chair à canon.
Carne de cañón.
(Frase atribuída a Napoleón I.)

Food for powder.
Carne de pólvora.
(Shakespeare: «King Henry IV», acto IV, esc. II.)

C'est magnifique, mais ce n'est pas la guerre.
Es magnífico, pero esto no es la guerra.
(Palabras del general P. F. G. Bosquet presenciando la batalla de
Balaklava el 25 octubre de 1854.)

**Iniquissima haec bellorum conditio est, prospera omnes sibi
vindicant, adversa uni imputantur.**
Inicua condición tienen las cosas de la guerra, que todos se achacan
los hechos heroicos y sólo a uno se imputan los fracasos.
(Tácito: «Vida de agrícola», § 27.)

I fratelli hanno ucciso i fratelli,
Questa orrenda novella vi do.
Los hermanos mataron a los hermanos; horrenda cosa sucedió allí.
(Manzoni: «II condte de Carmag nola».)

La tragedie court les rues.
La tragedia corre por las calles.
(Jean Francois Ducis.)

Ubi solitudinem faciunt, pacem appellant.
Donde quieren la soledad, quieren la paz.
(Tácito: «Vida de agrícola», § 30.)

Et le combat cessa, faute de combattants.
Y el combate cesó por falta de combatientes.
(Corneille: «El Cid», acto IV, esc. III.)

Vae victis!
¡Ay de los vencidos!
(Tito Livio: «Hist.», libro V, cap. XLVIII, 9.)

Ni un pouce de notre territoire, ni une piene de nos forteresses.
Ni una pulgada de nuestro territorio, ni una piedra de nuestras fortalezas.
(Frase de Julio Favre, ministro francés después de la guerra francoprusiana, 6 septiembre 1870.)

Si vis pacem, para bellum.
Si quieres la paz, prepara la guerra.
(Vegecio: «Instit. rei militar», lib. III, prólogo.)

Allons, enfants de la patrie...
Vamos, hijos de la patria...
(Rouget de Lisle: «La Marsellesa».)

Amour sacré de la patrie.
Amor sagrado de la patria.
(Rouget de Lisle: «La Marsellesa».)

Liberté, liberté chérie.
Libertad, libertad querida...
(Rouget de Lisle: «La Marsellesa».)

El retirarse no es huir, ni el esperar es cordura, cuando el peligro sobrepuja a la esperanza.
(Miguel de Cervantes: «Don Quijote», parte I, cap. XXIII.)

El soldado más bien parece muerto en la batalla que libre en la fuga.

(Miguel de Cervantes: «Don Quijote», parte II, prólogo.)

INTELIGENCIA, GENIO, ESPIRITU, IMAGINACION

Ανθρωπός εοτι ζωον διηουν απτεροχ.

Home est animal bipes sine pennis.

El hombre es animal bípedo sin plumas.

(Definición de Platón, según Diógenes Laercio. «De clarorum philosophorum vitis, dogmatibus et apophthegmatibus, lib. VI, cap. II, § 40.)

Homo est animal bipes rationale.

El hombre es animal bípedo racional.

(Boecio: «De consol, philosophie» libro V, prosa IV.)

On ne chicane pas le génie.

No se embrolla nunca el genio.

(Víctor Hugo.)

Nullum magnum ingenium sine mixtura dementiae fuit.

No hay gran ingenio sin tacha de locura.

(Séneca: «De tranquill animi», cap. XV, § 16.)

Spiritus, ubi vult, spirat.

El espíritu vuela donde quiere.

(San Juan: «Evangelio», cap. III, v. 8.)

Il nuovo non è beilo, e il bello non è nuovo.

Lo nuevo no es bello y lo bello no es nuevo.

(Johann Heinrich: «Epig».)

Une idée par jour.

Una idea por día.

(Título de una sección periodística de Emilio de Girardin.)

Nec minor est virtus quam quaerere, parta tueri.

No es menor habilidad el encontrar una cosa nueva que el saber guardar la ya adquirida.

(Ovidio: «Ars. amandi», lib. II, v. 13.)

L'imagination es la folle du logis.
La imaginación es la loca de la casa.
(Voltaire: «Dictiohnaire philosophique.)

L'esprit qu'on veut avoir, gate celui qu'on a.
El espíritu que desea tener, malgasta lo que tiene.
(Gresset; «Le Méchant», acto IV, esc. VII)

Chacun dit du bien de son coeur, et personne n'en ose dire de son esprit.
Cada uno alaba su corazón y nadie habla de su espíritu.
(La Rochefoucauld: «Máximas», XCVIII.)

Un homme d'esprit serait souvent bien embarrassé sans la compagnie des sots.
Un hombre espiritual estaría frecuentemente sobresaltado sin la compañía de los necios.
(La Rochefoucauld: «Máximas», §140.)

II n'y a point de sots si incommodes que ceux qui ont de l'esprit.
No hay necios más insoportables que aquellos que tienen algún talento.
(La Rochefoucauld: «Máximas», CCCLI.)

Nul n'aura de l'esprit, hors nous et nos amis.
Nadie tendrá espíritu fuera de nosotros y nuestros amigos.
(Molière: «Les femmes savants», acto III, esc. II.)

Monsieur Tout-le-monde qui a plus d'esprit que M. Voltaire.
Cualquiera tiene más espíritu que M. Voltaire.
(Talleyrand: Discurso, Cámara París 24 julio 1821.)

Nunquam se minus otiosum esse, quam quum otiosus; nec minus solum, quam quum solus esset.
Nunca he estado menos ocioso que cuando he permanecido en el ocio, ni menos solo que en la soledad.
(Palabras de Publio Escipión el Africano, según cuenta Cicerón en «De Officis», lib. III.)

Tu nihil invita dices faciesve Minerva.
Nada diréis o haréis a despecho de Minerva.
(Horacio: «Arte poética», v. 385.)

A chi natura non lo volle dire,
Nol dirían mille Ateni e mille Rome.
A quien naturaleza no le quiere enseñar, no le enseñarán mil
Atenas, ni mil Romas.
(G. A. Zeviani: «La crítica poética», XXIV.)

Zwei Seelen wohnen, ach!in meiner Brust.
Dos almas se albergan en mi pecho.
(Goethe: «Fausto», I.)

IRA, COLERA, INJURIA, OFENSA, VENGANZA

Las venganzas castigan, pero no quitan las culpas.
(Miguel de Cervantes: «Trabajos de Persiles y Sigismunda», lib. III, cap. VII.)

Nunca la cólera prometió buen fin en sus ímpetus: ella es pasión de ánimo y el apasionado pocas veces acierta en lo que emprende.
(Miguel de Cervantes: «Trabajos de Persiles y Sigismunda», lib. III, cap. V.)

Amandosi e vivendo lemme lemme.
Amándose y viviendo poquito a poco.
(Ginestes: «L'amor pacífico», estrofa 26.)

Ira è breve furor...
La ira es breve furor.
(Petrarca: «Soneto XIX».)

Inde irae et lacrymae.
Entonces la ira y el llanto.
(Juvenal: «Sátira I», v. 168.)

Feminis iugere honestum est, viris meminisse.
Bien está que las mujeres lloren; los hombres deben reflexionar.
(Tácito: «De moribus Germaniae», § 27.)

Exoriare aliquis nostris ex ossibus ultor!
¡Surja de nuestros huesos uno que nos vengue!
(Virgilio: «Eneida», lib. IV, v. 625.)

Noi inorirem, ma non morremo inulti.
Nosotros moriremos, mas no inútilmente.
(Torcuato Tasso: «Jerusalén libertada», cap. II, v. 86.)

Irascimini et nolite peccare.
Encolerízate, pero guárdate de pecar.
(David: «Salmos», IV, v. 4.)

LIBERTAD, ESCLAVITUD

Alterius non sit, qui suus esse potest.
No sea de otro el que pueda ser sólo suyo.
(Gualterio Inglés: «Fábula».)

Non bene pro toto libertas venditur auro.
No hay oro bastante para comprar la libertad.
(Esopo: «Fábulas», El lobo y el perro.)

Laissez faire, laissez passer!
¡Dejad hacer, dejad pasar!
(Frase de Jean Claude de Gournay.)

In necessariis unitas, in dubiis libertas, in omnibus charitas.
En lo necesario, unidad; en lo dubitativo, libertad; en todo, tolerancia caritativa.
(Peter Meiderlin: «Parenesis votiva pro pace Ecclesiae», etc.)

Oh liberté, que de crimes on commet en ton nom!
¡Oh libertad, qué de crímenes se cometen en tu nombre!
(Frase de Mme. Jeanne Roland de la Platiére, nacida Phlipon.)

Liberté, Egalité, Fraternité.
Libertad, Igualdad, Fraternidad.
(Proclama del Gobierno francés en 1848.)

Salut et Fraternité.
Salud y Fraternidad.
(Saludo de Pierre J. B. Auguis, que se hizo popular en tiempos de la Revolución.)

MALEDICENCIA, ENVIDIA, DISCORDIA, ODIO

Donde reina la envidia, no puede vivir la virtud.
(Miguel de Cervantes: «Don Quijote», parte II, cap. XLVII.)

Pocos o ninguno de los famosos varones que pasaron dejó de ser calumniado de la malicia.
(Miguel de Cervantes: «Don Quijote», parte II, cap. II.)

Si nous n'avions point de défauts, nous ne prendrions pas tant de plaisir à en remarquer dans les autres.
Si no tuviéramos defectos, no pondríamos tanto placer en hacer resaltar los de los demás.
(La Rochefoucauld: «Máximas», § 31.)

Maledicus a malefico non distat nisi occasione.
El maldicente no se diferencia del malvado más que por ía ocasión.
(Quintiliano: «De inst. orat.», lib. XII, 9, 9.)

Calomniez, calomniez; il en restera toujours quelque chose.
Calumniad, calumniad; siempre quedará algo.
(Beaumarchaisr «El barbero de Sevilla», acto II, escena VIII.)

Qu'on me donne deux lignes écrites de la main du plus honnetê homme, j'y trouverai de quoi le faire pendre.
Que me den dos lineas escritas por la mano del hombre más honrado y yo encontraré de qué acusarle.
(Richelieu.)

Consuma dentro te con la tua rabbia.
Consúmete en ti mismo con tu rabia.
(Dante: «Div. Com. Infierno», capítulo VII, v. 9.)

Non v'è animale più invidioso del letterato.
No hay animal más envidioso que el literato.
(Hugo Fóseolo.)

Le mal que nous faisons ne nous attire pas tant de persecution et de haine que nos bonnes qualités.

El mal que hacemos no nos procura tantas persecuciones ni tanto odio corno nuestras buenas cualidades.

(La Rochefoucauld: «Máximas», § 29.)

Absit injuria verbo.

Sin injuria sea dicho.

(Tito Livio: «Absit envidia verbo». Hist. lib. IX, cap. XIX, 15.)

Concordia parvae res crescunt, discordia maximae dila buntur.

Con la concordia, las cosas pequeñas aumentan; con la discordia, aun las grandes se arruinan.

(Salustio: «Guerra de Jugurtha», X, 6.)

Divide et impera.

Divide y dominarás.

(Frase de Filippo de Macedonia.)

OFICIOS Y PROFESIONES

The right man in the right place.
El hombre a propósito para su preciso lugar.
(Frase de Shakespeare.)

Il fallait un calculateur, ce fut un danseur qui l'obtint.
Hacía falta un matemático (para aquel puesto) y fué un bailarín quien lo obtuvo.
(Beaumarchais: «Le mariage de Fígaro», acto V, esc. III.)

… Tractant fabrilia fabri.
Lo artificial es siempre artificioso.
(Horacio: «Epístolas», lib. II, ep. I, v. 116.)

O fortunatos nimium, sua si bona norint agrícolas!
¡Oh bien afortunados rústicos, sin conocer apenas su propia felicidad!
(Virgilio: «Geórgicas», libro II, versículo 458-459.)

Nos bons villageois.
Nuestros buenos campesinos.
(Título de una comedia de Victoriano Sardou.)

Ηλειν αναγχη, ζην ουχ αναγχη
Navegar es necesario, vivir no es necesario.
(Frase de Pompeyo a los marineros que temían embarcar por el fuerte temporal.)

The owl was a baker's daughter.
La lechuza era hija de un panadero.
(Shakespeare: «Hamlet», acto VI, escena V.)

Cedant arma togae, concedat laurea linguae.
Deténganse las armas ante la toga y sean las alabanzas para la palabra.
(Cicerón: «De officis», I, cap. XXI.)

Advocatus et non latro.
Abogado y no ladrón.
>   «Sanctus Yvo erat Brito» (Santo Yvo era Bretón)
>   «Advoeatus et non latro» (Abogado y no ladrón)
>   «Res miranda populo». (maravilla para el pueblo)
(«Repertorium hymnologicum», S. Ivon.)

Quand une civilisation est vermoulue, l'evocai s'y met.
Cuando una civilización está carcomida, allí vive el abogado.
(Sardou: «Rabagas», acto I, esc. X.)

Zeitungsschreiber ein Mensch, der seinen Beruf verfehlt hat.
El periodista es un hombre que ha errado su propia carrera.
(Otto von Bismarck.)

MISERIA DE LA VIDA,
CONDICION DE LA HUMANIDAD

Il destino è cosi, questa è la vita;
Soffrire e poi soffrire!
¡El destino es así; esta es la vida; sufrir y después sufrir!
(O. Guerrini: «Ora triste».)

Vanitas vanitatum et omnia vanitas.
Vanidad de la vanidad y todo vanidad.
(«Eclesiastés», cap. I, v. 2, y cap. XIII, v. 8.)

Sicut umbra dies nostris sunt super terram.
Nuestros días sobre la tierra pasan como una sombra.
(«Job», capítulo XIII, v. 9.)

La vita fugge e non s'arresta un'ora.
La vida huye y no se detiene un instante.
(Petrarca: Soneto CCXXXI.)

Homo natus de midiere, brevi vivens tempore, repletar multis miseriis.
El nacido de mujer, tiene la vida corta y repleta de miscrias.
(«Job», cap. XIV, v. 1.)

Dies mei sicut umbra declinaverunt.
Mis días pasaron como una sombra.
(David: «Salmos», CI, v. 12.)

Pulvis et umbra sumus.
Somos polvo y sombras.
(Horacio: «Odas», lib. IV, oda VII, v. 16.)

Dalla cuna alla tomba è un breve passo.
De la cuna a la tumba hay un paso.
(Mazzini: «La vita dell'uomo».)

Cosa bella mortal passa e non dura.
Cosa bella mortal, pasa y no dura.
(Petrarca: Soneto CXC.)

Man lebt nur einmal in der Welt.
En el mundo sólo se vive una vez.
(Goethe: «Clavijo», acto I, esc. I.)

Nolite ergo solliciti esse in crastinum.
No vale la pena jamás entristecerse por el mañana.
(San Mateo: «Evangelio», cap. VI, v. 34.)

Mini neri, et tibi hodie.
Ayer a mi y hoy a ti.
(«Eclesiastés», cap. XXXVIII, v. 23.)

Stai sua cuique dies...
Nadie ha fijado su día (de la muerte).
(Virgilio: «Eneida», lib. X, v. 467.)

Vivere militares est.
Vivir es luchar.
(Séneca el joven: «Epístolas», XCVI, 1.)

Struggle for life.
Lucha por la vida.
(Carlos Darwin: «Origen de las especies».)

... Spesso è da forte, più che il morire il vivere.
Frecuentemente es más valeroso que morir el vivir.
(V. Alfieri: «Oreste», acto IV, esc. II.)

Homo homini lupus.
El hombre para el hombre es lobo.
(Plauto: «Asinaria», acto II, esc. IV, v. 88.)

Maledictus homo qui confidit in homine.
Maldito el hombre que en el hombre confía.
 («Jeremías», capítulo XVII, v. 5.)

Hesterni quippe sumus, et ignoramus.
Pues nosotros somos de ayer y no sabemos.
(«Job», cap. VIII, v. 9.)

… Fruges consumere nati.
Nacido para comer.
(Horacio: «Epístolas», lib. I, ep. II, v. 27.)

Sic transit gloria mundi.
Así pasan las glorias del mundo.
(Frase tomada de la Imitación de Jesucristo.)

No hay cosa segura en esta vida.
(Miguel de Cervantes: «Quijote», parte I, cap. XV.)

No es posible que el mal ni el bien sean durables.
(Miguel de Cervantes: «Quijote», parte I, cap. XVIII.)

No hay ventura tan firme que tal vez no dé vaivenes; no hay clavo tan fuerte que pueda detener la rueda de la fortuna.
(Miguel de Cervantes: «Trabajos de Persiles y Sigismunda», lib. III, cap. XIX.)

MUERTE

Semitam per quam non revertar, ambulo.
Voy pisando un camino por el cual no volveré.
(«Job», cap. XVI, versículo 23.)

Melior est canis vivus leone mortuo.
Mejor es el perro vivo que el león muerto.
(«Eclesiastés», cap. IX, versículo 4.)

In omnibus operibus tuis memorare novissima tua, et in aeternum non peccabis.
En todas tus acciones recuerda tu último fin y no pecarás para la eternidad.
(«Eclesiastés», cap. VII, v. 40.)

Omnia quae de terra sunt, in terram convertentur.
Todo lo que de la tierra viene, a la tierra volverá.
(«Eclesiastés», cap. XL, v. II, .)

... Quem di diligunt adulescens moritur.
Los elegidos de los dioses mueren jóvenes.
(Plauto: «Bacchides», acto IV, esc. IV, v. 786-787.)

... Parce sepulto.
Perdona a los muertos.
(Virgilio: «Eneida», lib. III, v. 41.)

Molliter ossa cubent.
Los huesos reposan dulcemente.
(Ovidio: «Tristia», lib. III, eleg. III, v. 76.)

Κουφα σοι χδων επανωθε πεσοι
Levis sit tibi terra.
La tierra te sea leve.
(Eurípides: «Alceste», v. 462-463.)

Pallida mors aequo pulsat pede pàuperum tabernas Regumque turres...

La pálida muerte, lo mismo pisa el tugurio del pobre que los castillos del rey.
(Horacio: «Odas», IV, v. 13-14.)

Linquenda tellus, et domus, et placens
Uxor...
Conviene abandonar la tierra, y el hogar y la amable esposa.
(Horacio: «Odas», lib. II, oda XIV, v. 21-22.)

Honesta mors turpi vita potior,
Una honesta muerte redime una vida torpe.
(Tácito: «Vida de agrícola», capítulo XXXIII.)

Memento mori.
Acuérdate de la muerte.
(Frase muy repetida de los ermitaños de la Tebaida.)

Un bel morir tutta la vita onora.
Una bella muerte llena toda una vida de honor.
(Petrarca: Soneto XVI.)

Dal sonno alla morte è un picciol varco.
Del sueño a la muerte hay un corto paso.
(Torcuato Tasso: «La Jerusalén libertada», cap. IX, v. 18.)

... O Morte, Morte, cui tanto invoco, al mio dolor tu sorda sempre serai?...
¡Oh muerte, muerte que tanto invoco! ¿Serás siempre sorda a mi dolor?
(Alfieri: «Mirra», acto V, esc. II.)

... Due cose belle ha il mondo:
Amore e morte.
Dos cosas bellas hay en el mundo: amor y muerte.
(Consalvo: De la canción «Amore e morte».)

Rien ne trouble sa fin; c'est le soir d'un beau jour.
Nada turba su fin; es la tarde de un bello día.
(La Fontaine: «Philemon et Baucis», poema, v. 14.)

Beati mortui qui in Domino moriuntur.
Bendita muerte del que muere en el Señor.
(«Apocalipsis», capítulo XIV, v. 13.)

Rose, elle a vécu ce que vivent les roses,
L'espace d'un matin.
Rosa ha traspuesto el término que viven las rosas. El espacio de una mañana.
(Francois de Malherbe: «Consuelo a Du Perier por la muerte de su hija»; estancias 15-16.)

La terreur est à l'ordre du jour.
El terror está a la orden del día.
(Barère: Frase en la Convención en época del Terror.)

Mehr Licht!
Más luz.
(Ultimas palabras de Wolfrang von Goethe.)

O what a noble mind is here o'erthrown!
¡Oh qué noble inteligencia y qué ofuscada!
(Shakespeare: .«Hamlet», acto III, esc. I.)

Para todo hay remedio si no es para excusarse de la muerte.
(Miguel de Cervantes: «El celoso extremeño».)

NATURALEZA DIVERSA

Quot homines, tot sententiae.
Tantos hombres, tantas opiniones.
(Terencio: «Formione», acto II, esc. IV, versículo 454.)

Naturae sequitur semina quisque suae.
Cada uno sigue el origen de su naturaleza.
(«Propercio», libro III, elegía IX, v. 20.)

… Non omnia possumus omnes.
No todos poseemos todo.
(Virgilio: «Bucólicas», égloga VIII, v. 63.)

Comparisons are odious.
Las comparaciones son odiosas.
(Frase antigua muy usada por muchos autores, entre ellos Miguel de
Cervantes en el «Quijote», parte II, cap. XXIII.)

NACIONES, CIUDADES, PAISES

Le pour et le contre se trouvent en chaque nation.
El pro y el contra se encuentran en cada nación.
(Bayle: «Pensées sur la comète», 142.)

… Le sità …tute a peupré:
Na cà dsa, na cà dià e an mes na stra.
La ciudad…toda sobre poco más o menos…Una casa de un lado, una casa del otro, y en medio la calle.
(Alberto Almulfi (a) Fulberto Alami. Del soneto «L'om machina», escrito en dialecto piamontés.)

Ille terrarum mihi praeter omnes
Angulus ridet...
Aquel pedazo de tierra mía me sonríe más que ningún otro.
(Horacio: «Odas», lib. II, oda VI, versículo 13-14.)

Aeterna urbs.
La ciudad eterna (Roma).
(Tibulo: «Car mina», lib. II, eleg. VI, v. 23.)

Civis romanas sum.
Soy ciudadano romano.
(Frase de los ciudadanos del antiguo imperio de Occidente.)

En France tout arrive, sortout impossible.
En Francia todo acaece, sobre todo lo imposible.
(Frase de Talleyrand.)

Tout homme a deux pays: sa patrie et la France.
Todo hombre tiene dos países: su tierra natal y Francia.
(Emil Blemont)
(Frase característica del presuntuoso y ridículo carácter francés.)

Furor Teutonicus.
Furor teuntón.
(Lucano: «Farsalia», lib. I, v. 255-257.)

La Prusse, le pays classique des écoles et des casernes.
La Prusia, país clásico de las escuelas y los cuarteles.
(Frase de Víctor Cousin.)

John Bull.
Juan Bull.
(Designación colectiva del pueblo inglés debida a John Arbuthnat, que publicó en 1727 su «History of John Bull».)

God save the King.
Dios salve al rey.
(Palabras del himno nacional inglés, debido a John Bull, organista de la corte en 1619.)

Rule Britannia! Britannia rules the waves.
¡Potente Britania! Britania es la reina de los mares.
(James Thomson, Alfred.)

England is the mother of Parliaments.
Inglaterra es la madre de los Parlamentos.
(Frase de John Bright.)

Nation of shopkeepers.
Nación de mercaderes. Inglaterra.
(Frase atribuida a Napoleón.)

Pérfida Albión.
(Frase atribuida a Napoleón.)

Spanien, das echöne Land des Weins und der Gesänge.
España, el bello país del vino y de las canciones.
(Goethe: «Fausto».)

De Madrid al cielo, y allí, un agujerito para verlo.
(Dicho popular.)

El país del sol (España).
(Sobrenombre de España en el extranjero.)

L'Afrique commence aux Pyrénnées.
El Africa comienza en los Pirineos.
(Frase atribuida a Napoleón.)

C'est du Nord aujourd'hui que nous vient la lumière.
Hoy nos viene la luz del Norte.
(Voltaire: «Elogio de Catalina II de Rusia», v. 8.)

La Turchia, il grande malato.
Turquía, la gran enferma.
(Frase popular en Italia.)

ORGULLO, AMBICION, VANIDAD, PRESUNCION

Aut Caesar aut nihil.
O César o nada.
(Frase de César Borgia.)

Mi son el primo tirano dopo Cristo.
Yo soy el primer tirano después de Cristo.
(Frase de Nicolás Vedorá.)

En mis Estados no se pone nunca el sol.
(Frase atribuida a Felipe II de España.)

O fortunatam natam me consule Romam.
¡Oh afortunada Roma, nacida bajo mi consulado!
(Frase atribuida a Cicerón.)

Rispondo che non rispondo.
Respondo que no respondo.
(Frase de Felipe Galvagno.)

Piace a me e basta.
Me place a mí y basta.
(Frase de Agustín Depretis.)

Vanity Fair.
La feria de las vanidades.
(Frase de Guillermo Trackeray.)

La vertu n'irait pas loin, si la vanité ne lui tenait compagnie.
La virtud no iría muy lejos si la vanidad no la acompañara.
(La Rochefoucauld: «Máximas», § 200.)

Si nous n'avions point d'orgueil, nous ne nous plaindrions pas de celui des autres.
Si no tuviéramos orgullo, no nos compadeceríamos del de los otros.
(La Rochefoucauld: «Máximas», § 34.)

Quelque bien qu'on nous dise de nous, on ne nous apprend rien de nouveau.
Por mucho bien que digan de nosotros no nos enseñan nada nuevo.
(La Rochefoucauld: «Máximas», § 303.)

Medice, cura te ipsum.
Médico, cúrate a ti mismo.
(«Evangelio de San Lucas», cap IV, v. 23.)

Contritionem praecedit superbia
La contrición sigue a la soberbia.
(«Proverbios de Salomón», cap. XVI, versículo 18.)

Nosce te ipsum.
Conócete a ti mismo.
(Frase antiquísima que el cristianismo hizo suya, pero cuyo origen es asiático.)

OBSTINACION, ENGREIMIENTO, ARREPENTIMIENTO

Sint ut sunt, aut non sint.
Ser como somos o no ser.
(Frase de Lorenzo Ricci, General de los jesuítas.)

Se soumettre ou se démettre
Someterse o dimitir.
(Frase de León Gambetta.)

Video meliora proboque:
Deteriora senior.
Lo veo y lo apruebo; pero sigo lo peor.
(Ovidio: «Metamorfosis», lib. VII, v. 20-21.)

Cujusvis hominis est errare; nullius, nisi insipientis, in errore perseverare.
Humano es errar; pero sólo los estúpidos perseveran en el error.
(Cicerón: «Filípica», XII, 2.)

To err, is human; to forgive, divine.
Error es humano; olvidar, divino.
(Alexander Pope: «Essay on Criticism», II, v. 325.)

Quod scripsi, scripsi.
Lo escrito, escrito está.
(«Evangelio de San Juan», cap. XIX, v. 22.)

Os habent, et non loquentur: oculos habent et non videbunt.
Boca tienen y no hablarán; ojos tienen y no verán.
(Salmo CXÍII, v. 13.)

L'amour propre fait que nous ne trouvons guère de gens de bon sens, que ceux qui sont de notre avis.
El amor propio hace que no encontremos otra persona de buen sentido que aquella que piensa como nosotros.
(La Rochefoucauld: «Máximas», 348.)

Nolo mortem impii, sed ut convertatur impius a via sua et vivat.
No quiero que el pecador muera, sino que se convierta y viva.
(«Ezequiel», cap. XXXIII, v, 11,)

Delicta juventutis meae et ignorantiae meae ne memi neris.
No te acuerdes de las faltas de mi juventud, ni de las de mi ignorancia.
(Salmo XXIV, v. 7.)

NIΨONANOMHMATAMHMONANOΨIN.
Ablue peccata, non solum faciem.
Lava todos tus pecados, no solamente la cara.
(Inscripción bizantina de la basílica de Santa Sofía en Constantinopla.)

OCIO, TRABAJO

Dolce far niente.
Dulce no hacer nada.
(Frase italiana que tiene su origen en la de Plinio: «Epístolas», li bro VIII, que dice: «Illud iner quidem jucumdum tamen nihil agere nihil esse».)

Si quis non cult operan, nec manducet.
Si alguno no quiere trabajar, que no coma.
(San Pablo: «Epístola II a los Thesalonicenses», cap. III, v. 10.)

… Nil sine magno, vita labore dedit mortalibus.
La vida nada ha dado grande a los hombres sin mucho trabajo.
(Horacio: «Sátiras», lib. I, sat. IX, v. 59-60.)

Nulla dies sine linea.
Ningún día sin trabajo.
(Plinio el viejo: «Hist. Nat.», lib. XXXV, cap. XXXVI, § 12.)

Hoc opus, hic labor est.
Esto es el trabajo, esto es la fatiga.
(Virgilio: «Eneida», lib. VI, v. 129.)

Materiem superabat opus.
El trabajo vencía a la materia.
(Ovidio: ((Metamorfosis», lib. II, v. 5.)

Auctor opus laudat.
El autor alaba su obra.
(Ovidio: «Ex Ponto», lib. III, ep. IX, v. 9.)

Amici, diem perdidi.
Amigos, día perdido.
(Suetorio: «Vida de Tito», cap. VIII, recriminándose de no haber hecho alguna obra buena.)

Les affaires, c'est l'argent des autres.
Los negocios son el dinero de los demás.
(Frase de Gavarni.)

No hay ningún camino que no se acabe como no se le oponga la pereza y la ociosidad.
(Miguel de Cervantes: «Trabajos de Persiles y Sigismunda», lib. III, eapítulo IV.)

En los casos arduos y dificultosos, en un mismo punto han de andar el consejo y la obra.
(Miguel de Cervantes: «Trabajos de Persiles y Sigismunda», lib. I, capítulo II.)

La diligencia es madre de la buena ventura y la pereza su contraria.
(Miguel de Cervantes: «Don Quijote», parte II, cap. XLIII.)

HABLAR, CALLAR

Imago animi sermo est: qualis vita, talis oratio.
El lenguaje es la imagen del alma: cual es la vida, tal es el hablar.
(«De Moribus», atribuido a Séneca.)

Le latin dans les mots brave l'honnêteté.
Las palabras latinas desafían la honestidad.
(Nicolás Boileau: «L'Art poétique», cap. II, v. 175. Lo dice porque las frases crudas y deshonestas se escriben en latín, idioma de los doctos.)

Epistola enim non erubescit.
Verdaderamente, lo escrito no avergüenza.
(Cicerón: «Ad familiares», lib. V, epístola XII, I. Lo dice porque la palabra escrita, por dura que sea, no avergüenza como la hablada.)

Le secret d'ennuyer est celui de tout dire.
El secreto de molestar está en decirlo todo.
(Voltaire: «Discursos», VI.)

Dictum sapienti sat est.
Al sabio, una sola palabra le basta.
(Plauto: «Persa», acto IV, esc. VII, v. 729.)

In multiloquio non deerit peccatum.
El mucho hablar no deja de ser pecaminoso.
(Biblia: «Libro de los proverbios», cap. X, v. 19.)

Dum loquor, hora fugit.
Mientras hablo, las horas huyen.
(Ovidio: «Amores», I, eleg. XI, v. 15.)

Quid, de quoque viro et cui dicas, saepe videto.
Lo que dices, de qué y con quién, piénsalo siempre.
(Horacio: «Epístolas», lib. I, ep. XVIII, v. 68.)

… Nescit vox missa reverti.
La palabra dicha no puede recogerse.
(Horacio: «Arte poética», v. 390.)

Et semel emissum, volat irrevocabile verbum.
Y la palabra, una vez dicha, se hace irrevocable.
(Horacio: «Epístola», lib. I, ep. XVIII, v. 71.)

Mala aurea in lectis argenteis, qui loquitur verbum in tempore suo.
La palabra dicha a tiempo es como el remate de oro en el lecho de plata.
(Biblia: «Proverbios», cap. XXV v. 11.)

Qui tacet, consentire videtur.
Quien calla, otorga.
(Bonifacio VIII: «Decretales», lib. V, tit. XII, regla XLIII.)

Volenti non fit injuria.
Al que la busca no se le hace injuria.
(Ulpiano.)

Muta eloquenza.
Muda elocuencia.
(Torcuato Tasso: «Jerusalén libertada», canto IV, v. 85.)

Procura ser tan discreto que no apures los pensamientos ajenos ni quieras saber más de nadie que aquello que quiere decirte.
(Miguel de Cervantes: «Trabajos de Persiles y Sigismunda», lib. I, cap. XXIII.)

No es buena la murmuración, aunque haga reír a muchos.
(Miguel de Cervantes: «Coloquio de los perros».)

PATRIA

Home, sweet home.
Casa, dulce casa.
(J. Howard Payne.)

Más reluce el humo de mi casa que el fuego de la ajena.
(Refrán popular español.)

Vincet amor patriae, laudumque immensa cupido.
Vencerá el amor a la patria y el inmenso deseo de gloria.
(Virgilio: «Eneida», lib. VI, v. 824.)

Pro aris et focis.
Por los otros y por los de mi patria.
(Cicerón: «De natura Deorum», III, 40.)

Dulce et decorum est pro patria mori.
Dulce y noble cosa es morir por la patria.
(Horacio: «Odas» libro III, oda II, v. 13.)

Antiquam exquirite matrem.
Vuelve a buscar a la antigua madre.
(Virgilio: «Eneida», lib. III, V. 96.)

Ad versus hostem aeterna auctoritas [esto].
Hay un eterno derecho contra el enemigo (o contra el extranjero).
(Legis Duodecim Tabularum reliquiae.)

Adieu, adieu, my native shore.
Adiós, adiós, mi querida patria.
(Byron: «Childe Harold's Pilgrimage», capítulo I, 13.)

Nemo propheta acceptus est in patria sua.
Ninguno es profeta en su patria.
(«Evangelio de San Lucas», capítulo IV, v. 24; «San Mateo», cap. XIII, v. 7; ((San Marcos», cap. IV, y. 24"; «San Juan», cap. IV, versículo 44.)

Omne solum forti patria est ut piscibus aequor.
Cada patria para el hombre es fuerte como para el pez el mar.
(Ovidio: «Fastos», lib. I, v. 493.)

Il n'y a plus de Pyrénnées.
Ya no hay Pirineos.
(Frase de Luis XIV al duque de Anjou cuando partió en 1700 a ceñir la corona de España.)

MIEDO, VALOR, ARROJO

Et facete et pati fortia Romanum est.
El hacer y el sufrir hondamente es digno de un romano.
(Tito Livio: «Historia», lib. II, cap. XII.)

De l'audace, encore de l'audace, et toujours l'audace!
¡La audacia, todavía la audacia y siempre la audacia!
(Dantón: Discurso en la. Asamblea Legislativa el 2 de septiembre de 1792.)

… In magnis et voluisse sat est.
En lo grande sólo la voluntad es ya bastante.
(Propercio: «Elegías», libro II, eleg. X, v. 6.)

Fortes fortuna adjuvat.
Al fuerte la fortuna le ayuda.
(Terencio, «Phormio», acto I, esc. IV, v. 203.)

FIN

LA CRÍTICA LITERARIA

TODO SOBRE LITERATURA CLÁSICA, RELIGIÓN, MITOLOGÍA, POESÍA, FILOSOFÍA...

La Crítica Literaria es la librería y distribuidor oficial de Ediciones Ibéricas, Clásicos Bergua y la Librería-Editorial Bergua fundada en 1927 por Juan Bautista Bergua, crítico literario y célebre autor de una gran colección de obras de la literatura clásica.

Nuestra pagina web, LaCriticaLiteraria.com, es el portal al mundo de la literatura clásica, la religión, la mitología, la poesía y la filosofía. Ofrecemos al lector libros de calidad de las editoriales más competentes.

LEER LOS LIBROS GRATIS ONLINE
www.LaCriticaLiteraria.com

La Crítica Literaria no sólo esta dedicada a la venta de libros nacional e internacional, también permite al lector la oportunidad de leer la colección de Ediciones Ibéricas gratis online, acceso gratuito a mas que 100.000 páginas de estas obras literarias.

LaCriticaLiteraria.com ofrece al lector un importante fondo cultural y un mayor conocimiento de la literatura clásica universal con experto análisis y crítica. También permite leer y conocer nuestros libros antes del adquisición, y tener la facilidad de compra online en forma de libros tradicionales y libros digitales (ebooks).

COLECCIÓN LA CRÍTICA LITERARIA

Nuestro nueva **"Colección La Crítica Literaria"** ofrece lo mejor de los clásicos y análisis de la literatura universal con traducciones, prólogos, resúmenes y anotaciones originales, fundamentales para el entendimiento de las obras mas importantes de la antigüedad.

Disfrute de su experiencia con nosotros.

www.LaCriticaLiteraria.com